# 会社四季報編集部が作った
# 株式投資実戦ドリル

会社四季報編集部［編］

会社四季報BOOKS

東洋経済新報社

# はじめに

2007年、会社四季報編集部は2冊の書籍を刊行しました。『株で成功するための「会社四季報」徹底活用法』と、『投資力を鍛える「会社四季報」実践トレーニングブック』です。

前者は『会社四季報』を読みこなすためのオフィシャルガイドブックとして、また、後者は適切な投資銘柄を選択するためのトレーニングブックとして、多くの読者の方々から支持をいただいています。そして、読者からは、「株式投資の実戦場面で役立つ情報をもっと教えてほしい」「高度な内容をより楽しく学べるとよい」といった声も寄せられました。

そこで企画したのが本書です。

株式投資に不可欠な決算書の読み方や企業分析のポイントに始まり、投資対象としては危険な会社の見分け方や株価分析の手法、投資スタイルの確立に至るまで、個人投資家が知っておきたいノウハウを50項目にまとめました。

『四季報』は「株式投資のバイブル」としての評価が確立していますが、編集部だからこそ教えられる、実戦で力を発揮する『四季報』の活用術も随所に織り込んでいます。

50項目にはすべて「実戦ドリル」を付けました。このドリルを解きながら読み進んでいくうちに、株式投資に関する知識が自然に身に付くよう、工夫したつもりです。

本書と『四季報』をフル活用することによって、ぜひ「市場に勝てる」投資家になっていただきたいと願っています。

本書の執筆には安西達也、柿沼茂喜、風間直樹、筒井幹雄、中川和彦、野口晃、広瀬泰之、前田佳子、水落隆博が当たりました。また、執筆・編集に当たって、公認会計士の井口秀昭氏のご協力をいただきました。ここに御礼申し上げます。

2008年2月

会社四季報編集部

会社四季報編集部が作った株式投資実戦ドリル◎目次

はじめに …… 1

序章 「株式投資のバイブル」を片手に投資のコツをつかむ 11

第1章 会社の「値段」は利益が決める 17

1 時価総額は「会社の値段」 …… 18
実戦ドリル1 時価総額と最低購入額 …… 20
2 企業の活動を財務諸表で読む …… 22
実戦ドリル2 主要な財務諸表の目的とは？ …… 24
3 業績・財務は連結で見る …… 26
実戦ドリル3 連結の範囲 …… 28
4 株価は“将来”の予想で動く …… 30
実戦ドリル4 会社の予想と『四季報』予想 …… 32
5 さまざまな利益 …… 34
実戦ドリル5 利益の増減要因 …… 36
6 当期純利益の重要性 …… 38
実戦ドリル6 営業利益を予想する …… 40
7 株価に直結するEPS …… 42
実戦ドリル7 配当性向の使い方 …… 44

## 第2章 企業分析のポイント 47


1 貸借対照表の基本……48
実戦ドリル1 資金調達方法の選択……50
2 純資産の内容……52
実戦ドリル2 配当はどこから出すのか……54
3 株主持分比率で会社の安全性を判断……56
実戦ドリル3 負債のレバレッジ効果……58
4 株主が重視するROE……60
実戦ドリル4 ROEとROAと株主持分比率……62
5 キャッシュフロー計算書……64
実戦ドリル5 キャッシュフローを計算する……66
6 キャッシュフロー計算書のパターン……68
実戦ドリル6 企業分析手法の活用……70


## 第3章 外国人やプロも大注目——『四季報』の最強活用術 73


1 見出しが示す業績の行方……74
実戦ドリル1 四季報用語のオモシロ表現……76
2 【増額】見出しは株価に効く……78
実戦ドリル2 「減額」銘柄は避けるのが無難……80

3 業績予想修正記号で銘柄を絞る ……82
実戦ドリル3 業績予想修正記号と営業利益 ……84
4 会社の利益計画にはクセがある ……86
実戦ドリル4 業績修正を重ねるわけ ……88
5 会社と『四季報』の「予想の差」を使う ……90
実戦ドリル5 独自予想が多いのは秋号 ……92
6 四半期決算を使いこなす ……94
実戦ドリル6 季節変動に要注意 ……96
7 『四季報』予想のリビジョン効果を生かす ……98
実戦ドリル7 四季報指標の考え方 ……100

第4章 株式市場は危険がいっぱい——「アブナい」会社の見分け方 103

1 赤字と投資適格の関係 ……104
実戦ドリル1 マイナスの利益剰余金 ……106
2 株主持分の減少会社は要注意 ……108
実戦ドリル2 上場廃止制度 ……110
3 継続疑義とは何か ……112
実戦ドリル3 危ない会社が出すシグナル ……114
4 上場子会社への投資にご用心 ……116
実戦ドリル4 上場子会社が増える理由 ……118

5 利益調整と粉飾決算の違い ……120
実戦ドリル5 粉飾と棚卸資産 ……122

第5章 この株、ホントはいくらなの？ 投資の成果は「株価分析」で決まる 125

1 PERから始まる株価分析 ……126
実戦ドリル1 赤字会社のPERを計算する ……128
2 PBRが示す割安度とは ……130
実戦ドリル2 低PBR銘柄の死角とは？ ……132
3 株主の投資採算を表すPER ……134
実戦ドリル3 成長株の株価はこう求める ……136
4 投資指標の使い分けを学ぶ ……138
実戦ドリル4 念じれば株価は上がる？ ……140

第6章 会社の未来は『四季報』のここで読む 143

1 材料記事で中期業績を先読み ……144
実戦ドリル1 中期計画の読み方 ……146
2 設備投資と研究開発の動向 ……148
実戦ドリル2 環境変化への適応力 ……150

3 海外市場をテコに成長する会社 ……152
実戦ドリル3 収益力を見通す ……154
4 材料記事で経営課題を知る ……156
実戦ドリル4 ランキングの活用法 ……158
5 増額・減額にも種類がある ……160
実戦ドリル5 産業界の動向をつかむ ……162
6 外国人が好きな銘柄 ……164
実戦ドリル6 外国人投資家動向 ……166

第7章 「株価分析」のもう一つの手法——「テクニカル分析」を押さえよう 169

1 四季報チャートを活用しよう ……170
実戦ドリル1 テクニカル分析の有効性 ……172
2 移動平均線が示すシグナル ……174
実戦ドリル2 チャートの基本を押さえる ……176
3 信用取引の仕組みを知る ……178
実戦ドリル3 信用取引と信用倍率 ……180
4 出来高でわかる人気の度合い ……182
実戦ドリル4 出来高と流動性 ……184

第8章 「よい情報」と「悪い情報」、違いがわかる具体例 187

1 株主に支払うコストとは？ ……188
実戦ドリル1 資本コストの高い会社、低い会社 ……190
2 「企業価値」と「株主価値」 ……192
実戦ドリル2 負債が多くても大丈夫な会社 ……194
3 事業の優先順位を見極める ……196
実戦ドリル3 企業戦略を評価しよう ……198
4 よいM&Aと悪いM&A ……200
実戦ドリル4 株価でM&Aの思惑を探る ……202
5 配当政策を吟味する ……204
実戦ドリル5 自社株買いの留意点 ……206
6 資金調達と株価の関係 ……208
実戦ドリル6 株式分割は株主還元か？ ……210

第9章 これで「市場」の見方が変わる——自分のスタイルを定めよう 213

1 株価への「織り込み」を考える ……214
実戦ドリル1 予想で勝って投資で負ける？ ……216
2 市場の“クセ”を投資に生かす ……218
実戦ドリル2 業績修正（リビジョン）効果の有効性 ……220

3 成長派？　それとも割安派？ …… 222
実戦ドリル3 投資スタイルのポイント …… 224
4 投資のスキルを評価する …… 226
実戦ドリル4 スクリーニングの留意点 …… 228
5 投資家心理にはクセがある …… 230
実戦ドリル5 売却タイミングの見極め方 …… 232

## ●本書の登場人物

**先生（40歳）**
証券会社の営業・アナリストを経て、株式評論家として独立。現在はセミナーや執筆活動を通じて個人投資家の啓蒙に努めている。

**A子（33歳）**
OLを経て現在専業主婦。株式投資経験は2年程度の初心者。『会社四季報』を買っているが、読みこなせていない。先生には、初歩的なことも含めて遠慮なく聞きたいと思っている。

**B夫（28歳）**
メーカー勤務の会社員。工場の経理部を経て、現在は本社のマーケティング部に所属。日々、製品が売れる仕組み作りを考えているうちに、会社の数字や景気の見方にも強くなってきたと感じている。最近、株式投資を始めた。先生には、ちょっと難しい質問もしてみたいと思っている。

本書の中の『会社四季報』誌面は、特に断りがない限り、『会社四季報』2007年秋号を使用しています。

序　章

# 「株式投資のバイブル」を片手に投資のコツをつかむ

## 中長期スタンスを取れることが個人の強味

これから株式投資に成功するための特別講座を開講します。できるだけ実戦で役立つ知識を伝授しよう。ところで、株式投資の経験はどのくらいあるのかな。

株式投資を始めたのは2年ほど前です。最初に投資した株が買った後、すぐ値上がりしたので3カ月で売却して15万円も儲かっちゃった。でも、これまでのトータルでは、トントンか若干プラス程度かな。このごろは失敗が多く、私は株式投資に向いていないのかなと、ちょっと自信がなくなってきています。

株式相場の状況にもよるんじゃないですか。最近は相場全体が低迷していますから。私は以前から株式投資に関心があったんですが、実際に始めたのは数カ月前で、まだ成果と言えるほどのものはありません。

焦らずに、株式投資の基礎をしっかりマスターしたうえで、じっくり腰を据えて投資に取り組むのが成功の秘訣だよ。

でも、近ごろは、短期間に株の売買を繰り返し、莫大な利益を上げるネット投資家が注目を浴びていますよね。

株式投資にはいろいろなスタイルがあってよいと思うから、ネットトレーダーのような短期売買も否定しない。ただ、一般的に言えば、投資を本業にしていない個人投資家が、そうした売買で成功し続けるということは相当に難しい。株価の短期的な動きに関しては、機関投資家などが圧倒的な情報量を握っていて、そこで勝負をしているからね。個人は結局、市場の動きの後を追うことになりがちだと思うよ。

個人投資家は機関投資家に負けてしまうということ？

一概にそうとも言えない。機関投資家は、ある期間に一定以上のパフォーマンスを上げることを求められていることが多い。これに対し、個人投資家は余裕のある資金で投資していれば、中長期投資のスタンスを貫くことができる。個人には時間という強い味方がある。中長期投資を基本にしたほうが成功の確率は高いね。たとえば、任天堂株は

**7974 任天堂の株価**

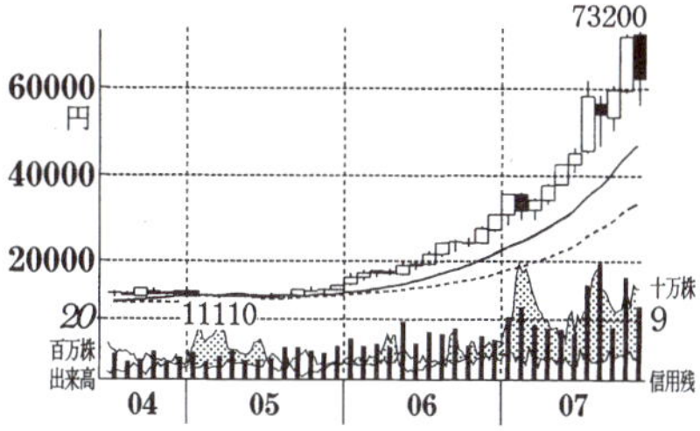


(出所)『会社四季報』08年新春号

2005年の安値が1万1,110円、これが07年には7万3,200円の高値をつけた。3年で約6.6倍も値上がりしたんだ。こうした銘柄をいち早く発掘できれば大成功だよ。

だけど、任天堂の株は100株単位でしか買えないでしょ。1株6万円としても600万円が必要で、今の株価ではとても手が出せないわ。

よく調べているね。最低購入額は投資に当たっての重要な要素。買える範囲の中で、有望な銘柄を見つけていかなければならない。また、株式投資では、どうしてもキャピタルゲイン、つまり株価の上昇による売却益の獲得に目を奪われてしまうけれど、配当というインカムゲインも大事な要素だよ。

超低金利時代ですからなおさらですね。ゼロ金利を解除したとはいえ、日銀は依然として低金利政策を継続していますが、この状態はまだ続きますか。

日本経済の成長力や世界経済が安定性を欠いていることから考えると、おそらく、日銀は今後の金利引き上げもかなり慎重に、スローペースで進めなければならないだろう。そんな金利政策を反映して、10年物国債の利回りは2%以下で推移している。国債は最も安全な金融資産だが、それにしても、10年物で2%以下という利回りでは魅力は乏しいでしょ。銀行預金の金利も引き続き、雀の涙程度にすぎない。これに対して、株式市場には配当利回りが2%以上という銘柄もたくさんあるんだ。企業は敵対的買収に備える点からも株価への関心を高めており、株主還元に真剣に取り組まなければならなくなっているね。

配当取りに照準を合わせた中長期的な株式投資も有効だということですか。

そのとおり。もちろん、元本保証で固定金利の銀行預金と違って、株は配当額が変動する可能性、株価が下落するリスクを考慮しなければならないけどね。高利回り銘柄に絞って銘柄選択をしていくというのも、株式投資の一つの方法だね。

友人の中には、株主優待が充実している会社の株ばかり狙って投資している人もいるわ。彼女はカラオケ大好き人間だから、カラオケルームの割引券がもらえる銘柄を買って、その優待割引券をフル活用しているんですって。

その会社のサービスをよく利用するのなら、割引券などがもらえる株主優待は狙い目だね。株主優待を金額に換算し利回りを計算してみると、実質的に非常に高い利回りを得られる銘柄はたくさんある。最近は個人株主を増やすために、株主優待を充実させている会社が増加しているんだ。外食や小売りなどでは、株主優待制度を設けている会社が多いよ。

## 成長する株をどう探す？

株式投資にはとても魅力があることはわかるけど、中長期投資で勝つコツを早く教えてください。

まあ、あわてないで。では、中長期投資に当たっては、どんな銘柄を選んだらよいかな。

これから成長することが見込める会社の株じゃないかしら。

割安な株価に放置されている銘柄を探せばよいと思います。

2人ともよく勉強しているね。成長株投資と割安株投資は、代表的な二つの投資スタイルと言える。では、成長性はどんな指標で計ればよいかな。

利益が今後、どんどん増えるかどうかでしょ。

でも、利益には売上総利益、営業利益、経常利益、税引前当期利益、当期純利益、いろいろあるね。どの利益を中心に見たらよいですか。

えーと、ホント、利益と言っても種類が多いのよね。前に投資雑誌で解説を読んだような気がするけど、よくわからなくなってしまったわ。

その銘柄が割安かどうかを見る指標は？

PER（株価収益率）を見て判断すればよいのでは。

そう、PERは株式投資のうえで大切な指標の一つ。だが、たとえばPER（株価純資産倍率）もまた、割安かどうかを判断する際に欠かせないものだよ。

ああ、そうでした。株式投資の本にはそう書いてありますね。読んでいたときは理解したつもりだったのに、忘れてしまって。

この講座は、株式投資に必要な知識を基礎からしっかり身につけることによって、高いパフォーマンスを上げられる個人投資家になってもらうことを目指している。最初のステップでは、先ほど触れたような利益の種類をはじめとした決算書の読み方や、会社分析のポイントなど、株式投資の初心者は少し面倒に感じるかもしれない話もします。でも、それを身につけるかどうかが、後で大きな差になってくる。株式投資をするということは、その会社のオーナーになるということなんだ。そういう高い意識を持って、臨んでほしいな。

何だか緊張してきちゃった。

いや、少し脅かしすぎたかな。できるだけわかりやすい解説を心がけるから、肩の力は抜いて、でもポイントだけは外さないようにしてね。

はーい。

## 情報収集で後れを取らないコツは

ところで、株式投資の情報源としては、何を活用している？

仕事の必要もあって、新聞の経済欄はよく読みますね。それから『会社四季報』は毎号、買っています。

私も『四季報』は必ず買うわ。あとは、月刊の投資情報誌をときどき読むのと、ネットの情報をのぞくくらいかな。

『四季報』が「株式投資のバイブル」と呼ばれていることは知っている？

聞いたことがあります。でも、なぜそう呼ばれているんですか。

株式投資は美人投票に似ていると言われるね。美人投票ではたくさんの人が美しいと思う女性が美人とされる。株式市場でも、株価が上がるのは、多くの人が将来、値上がりすると考える株。いくら自分が有望な銘柄だと思っても、ほかに誰もそう考える人がいなければ、その会社の株価は上がらないんだ。

それはわかるけど、『四季報』がバイブルだということとの関連が、よくわからないわ。

『四季報』は株式投資雑誌として、圧倒的なシェアを持っている。同じようなタイプの季刊誌としては7割以上、投資情報誌全体で見ても断トツのシェアなんだ。だから、株式投資を行っている人の多くは、『四季報』を読んでいるわけだね。そして、機関投資家や海外投資家も含めて、『四季報』に掲載された情報をベースにして、投資行動を決定している可能性が高い。ほかの投資家がどの銘柄を「美人」だと考えるか、その基本情報を知っているかどうかは、株式投資のパフォーマンスに決定的な差をもたらすと思うが、どうかな？

なるほど。「美人」のコンセンサスが、『四季報』を基に形成されていくのですね。

でも、毎号買っているけれど、私は『四季報』を使いこなしていない気がするの。厚くて、字がいっぱい詰まっているし。

この講座では、『四季報』の使い方にも、たっぷり触れる予定で、この講座が終わるころには「四季報名人」になってほしいね。『四季報』を使いこなせるようになることが、成功する個人投資家になるための近道だと思うからさ。さあ、一緒に勉強を始めよう！

# 第1章

# 会社の「値段」は利益が決める

# 1 時価総額は「会社の値段」

➡ 時価総額は株式市場での会社の評価を示す

会社を評価する指標としては何を見ればいいでしょうか。代表的なものは、いうまでもなく株価そのものです。株価の推移を見れば株式市場でその会社がどう評価されてきたかがわかります。ただ、ある会社を他の会社と比較する時に、株価を見比べて判断するのは適切ではありません。

そもそも株式会社とは、投資家から出資を募ってそのおカネを事業に投じ、株主が分け前にあずかる仕組みです。多くの人から資金を募るため、株式会社では出資者の持ち分を小口化します。株式とはこの細分化された1口の持ち分のことです。株式を取引所に上場していると、将来、個々の会社が稼ぐであろう見通しに応じて、この1株に市場の評価がつきます。この時価評価が株価です。会社がどの程度、持ち分を細分化するかは会社の方針によって違ってきます。同じ業績で同じくらいの規模の会社であっても、口数（「発行済み株式数」と呼びます）の多寡で株価水準は異なります。株価を見比べて他の会社と比較ができないのは、このためです。

**株式市場における持ち分全体の評価を「時価総額」といいます。つまり、時価総額は会社の所有者である出資者が預けたおカネの現在の総額であり、すなわち「会社の値段」です。**これまでの説明からわかるように、時価総額は株価に発行済み株式数をかけて計算されます。株価と違って、会社の値段を示す時価総額は異なった会社を比較する場合にも有効です。

**時価総額の大きい会社は事業を展開するうえでも有利です。資金が必要となったら、市場評価が高ければ、新たな出資者を集めることも簡単ですし、効率的に資金調達ができます。近年ますます盛んになってきた買収や合併といったM&Aにおいても時価総額は重要です。**上場会社を買収するときは、この時価総額が買収価額の一つの基準になります。時価総額が小さいということは買収されやすい会社ということです。合併を行う場合でも時価総額は合併比率の算定における重要な目安ですから、時価総額が小さいと合併後の会社において主導権を取れなくなってしまいます。

## 時価総額ランキング

RANKING

### 時価総額ランキング

時価総額は“会社の値段”。会社同士を比較する時に便利な指標だ。異業種や同業種間で比べてみよう。前号（5月30日時点）ランキングと比べて１兆円以上の会社は4社減少した。表は07年8月28日時点の時価総額の大きい順のランキング。

| 順位 | コード | 社名 | 時価総額（億円） | 順位 | コード | 社名 | 時価総額（億円） | 順位 | コード | 社名 | 時価総額（億円） |
|---|---|---|---|---|---|---|---|---|---|---|---|
| 1 | 7203 | トヨタ | 240,425 | 51 | 8752 | 三井住友海 | 19,414 | 101 | 8332 | 横浜銀 | 11,071 |
| 2 | 8306 | 三菱UFJ | 120,564 | 52 | 5108 | ブリヂスト | 19,270 | 102 | 9021 | JR西日本 | 11,040 |
| 3 | 7751 | キヤノン | 87,218 | 53 | 8001 | 伊藤忠 | 19,193 | 103 | 9831 | ヤマダ電 | 10,977 |
| 4 | 8411 | みずほFG | 82,903 | 54 | 7752 | リコー | 19,032 | 104 | 6273 | SMC | 10,931 |
| 5 | 9432 | NTT | 82,798 | 55 | 4188 | 三菱ケミH | 18,604 | 105 | 6701 | NEC | 10,859 |
| 6 | 9437 | ドコモ | 81,666 | 56 | 8830 | 住友不 | 18,519 | 106 | 6594 | 日電産 | 10,801 |
| 7 | 7974 | 任天堂 | 76,501 | 57 | 6981 | 村田製 | 17,638 | 107 | 1928 | 積ハウス | 10,491 |
| 8 | 4502 | 武田薬 | 70,608 | 58 | 4452 | 花王 | 17,582 | 108 | 6991 | 松下電工 | 10,214 |
| 9 | 8316 | 三井住友F | 69,757 | 59 | 5201 | 旭硝子 | 17,408 | 109 | 4911 | 資生堂 | 10,210 |
| 10 | 7267 | ホンダ | 69,356 | 60 | 8795 | T&DH | 17,316 | 110 | 8404 | みずほ信 | 10,099 |
| 11 | 2914 | JT | 61,900 | 61 | 7741 | HOYA | 17,096 | 111 | 8015 | 豊田通商 | 9,913 |
| 12 | 5401 | 新日鉄 | 54,796 | 62 | 7269 | スズキ | 16,822 | 112 | 7202 | いすゞ自 | 9,722 |
| 13 | 6758 | ソニー | 54,006 | 63 | 8601 | 大和証G | 16,251 | 113 | 1925 | ハウス | 9,568 |
| 14 | 8058 | 三菱商 | 51,051 | 64 | 9531 | 東ガス | 16,074 | 114 | 6988 | 日東電 | 9,539 |
| 15 | 7201 | 日産自 | 50,044 | 65 | 8403 | 住友信 | 15,963 | 115 | 9532 | 大ガス | 9,523 |
| 16 | 6752 | 松下電産 | 49,061 | 66 | 8002 | 丸紅 | 15,805 | 116 | 2802 | 味の素 | 9,515 |
| 17 | 5411 | JFEHD | 45,176 | 67 | 6201 | 豊田織 | 15,510 | 117 | 9107 | 川崎船 | 9,397 |
| 18 | 8802 | 菱地所 | 42,443 | 68 | 6702 | 富士通 | 15,400 | 118 | 4902 | コニカミノ | 9,272 |
| 19 | 9501 | 東電 | 41,397 | 69 | 6367 | ダイキンエ | 15,241 | 119 | 7211 | 三菱自 | 9,170 |
| 20 | 8031 | 三井物 | 41,184 | 70 | 2503 | キリンHD | 15,112 | 120 | 8309 | 三井THD | 9,055 |
| 21 | 8604 | 野村HLD | 39,711 | 71 | 9508 | 九州電 | 14,794 | 121 | 8754 | 日本興亜損 | 8,986 |

（注）2007年8月28日時点

また、株式の買収は現金で行うだけではありません。最近の大型買収では株式交換という手法もよく使われます。株式交換とは他社の株式を取得して子会社化する時に、買収対象会社の株主に現金ではなく自社の株式を交付する買収手法です。この手法であれば、株式買収のための現金を用意する必要がありません。自分の会社で新しく株式を発行しさえすればいいのです。しかし、だからといってすべての会社が株式交換で他の会社を買収できるとは限りません。ここで重要になるのが時価総額です。

時価総額10億円のＡ社と1億円のＢ社があったとします。時価総額1億円のＢ社がＡ社を株式交換で買収するとします。そのためにはＢ社は10億円の株式発行を行わなければなりません。時価総額1億円の会社が10億円の株式発行をしようとしても、とても市場では消化できません。しかし、時価総額10億円のＡ社がＢ社を買収するときには、Ａ社は1億円だけ新株を発行すればいいのです。極端な言い方をすれば、時価総額の小さい会社は常に買収の脅威に曝（さら）されているといってもいいかもしれません。

実戦ドリル

# 1 時価総額と最低購入額

## 会社の重要事項は株主の議決によって決まる

Q

A 社と B 社の時価総額を計算してください。

| | 発行済み株式数 | 株価 | 時価総額 |
|---|---|---|---|
| A社 | 6,000千株 | 1,500円 | |
| B社 | 1,000千株 | 5,000円 | |

A

正解は以下のとおり。

| | 発行済み株式数<br>① | 株価<br>② | 時価総額<br>③=①×② |
|---|---|---|---|
| A社 | 6,000千株 | 1,500円 | 90億円 |
| B社 | 1,000千株 | 5,000円 | 50億円 |

時価総額は発行済み株式数に株価をかけたものだから、A 社の時価総額は 90 億円、B 社は 50 億円になるね。

株価は、A 社 1,500 円で B 社 5,000 円だから、B 社の方が評価の高い、いい会社なんでしょう？

確かに株価は B 社の方が高いよね。でも、株価水準はそれだけでは市場の評価を意味しないんだ。株価というのは、出資者の持ち分を細分化したその 1 株についての価格だね。だから、会社の業績など内容がまったく同じであっても、会社が持ち分を小口化する程度、すなわち発行済み株式数をどれだけにするかによって、株価は異なってくるんだ。この 2 社の場合は、発行済み株式数が A 社の方が B 社より格段に多いことから、時価総額では A 社が 90 億円、B 社は 50 億円となる。だから、「会社の値段」としての評価では、A 社の方が高いということになるわけだね。

でも、会社の値段や評価なんか、私には関係ないわ。私は配当がいっぱいもらえて、売る時には高く売れればいいんだから。

市場での評価や時価総額の大きさは、「配当がいっぱいもらえる」とか「高く売れるかどうか」といったことに、大きく影響してくるんだ。市場の評価が高ければ、事業でおカネが必要となった時も、新たな株主を募って、おカネを調達することが比較的簡単にできる。ほかの会社を買収したりするM&Aでも、通常、時価総額の大きい会社が有利だろうね。

ところで、そもそも会社はどのように発行済み株式数を決めるのでしょうか。

株式は１株から購入できるというものではないんだ。その会社の株主になるのに必要な「最低売買単位」というものが決められている。だから、株価に売買単位をかけた金額が「最低購入額」となる。多くの人に株主になってもらおうと思う会社だったら、売買単位を小さくして最低購入額を少額にする。でも株主が多いと、株主総会の通知を送るなどいろんな手間が増えてコストもかかる。だから、あまり株主を増やしたくなければ、逆に株数を細分化しないで株価を値がさに（高く）して、売買単位も大きくするだろうね。

ところで、会社の大事な取り決めは、原則として株主総会で決まる。株主はその持ち株数に応じて、大事なことを決める権利、「議決権」を持っている。議決権については、会社全体の議決権の「3分の2」、「2分の1」と「3分の1」を超えるかどうかがが大きな分かれ目だ。株式の２分の１を所有すれば取締役の選任など通常の決議が株主総会でできるから、会社を支配することが可能になる。しかし、合併などの重要な議決には３分の２の賛成が必要だ。だから逆にその残りの３分の１を抑えておけば重要な決定の阻止ができる。M&Aなど会社の運命を左右する重要な局面では、大株主の意向などをどう読むかで、個人投資家の投資成績も大きく影響を受けたりするから、このあたりは覚えておいてね。そもそも株式投資に当たっては、「株主は会社のオーナーだ」という原則を忘れないほうがいいよ。会社をきちんと調べていて、投資成績がよい人は、たいていそういう意識が高い人だからね。

# 2 企業の活動を財務諸表で読む

➡「四つの財務諸表」から、企業活動の実態がわかる

投資家が会社に投資するのは、将来にわたって会社が稼ぐ利益に対して、その分け前を得るためです。投資した持ち分の値段である株価が、将来の利益見通しを反映して決まってくるのはこのためです。そこで、企業の将来の利益をどう見通すかが、株式投資で成功を収めるための大きなポイントの一つになります。では、**投資家はどのように企業の将来像を描けばよいのでしょうか。ここで情報源として最も役立つのが企業の実態や活動を把握して報告する「財務諸表」と呼ばれる基本書類です。**

財務諸表は会社のこれまでの業績をまとめた計算書です。財務諸表には、貸借対照表・損益計算書・キャッシュフロー計算書・株主資本等変動計算書の四つの計算書があります。この四つの計算書にはそれぞれ異なった役割があります。ここではそれぞれの役割を簡単に説明します。

貸借対照表は期末時点の会社の財産状況を表現しています。貸借対照表は左右に分かれて表示されます。期末時点で会社が所有する資産は左側に、右側には会社が負っている負債が表示されます。資産は売れば現金になったり、将来の収益に貢献するものですからプラスの財産です。負債は将来返済しなければならないマイナスの財産になります。プラスの財産である資産からマイナス財産の負債を差し引いたものが純資産になります。資産より負債の方が小さいのが普通の状態ですから、純資産は貸借対照表の右側に表示されます。投資家の皆さんは、純資産の中の株主財産を表示する株主持分（自己資本）の推移に注目してください。期末時点において株主財産である株主持分の残高を表すのが貸借対照表の最大の役割です。

株主持分を変動させる最大の要因は会社の事業結果としての利益です。その利益の発生原因と結果を説明するのが損益計算書です。損益計算書を見れば会社の1年間の経営成績がわかります。損益計算書は縦一列で示され、一番上に売上高が、最後に当期純利益が表示されます。原則的には、株主持分は会社の事業活動の結果であるこの当期純利益の分だけ増加する

## 四つの財務諸表の関係

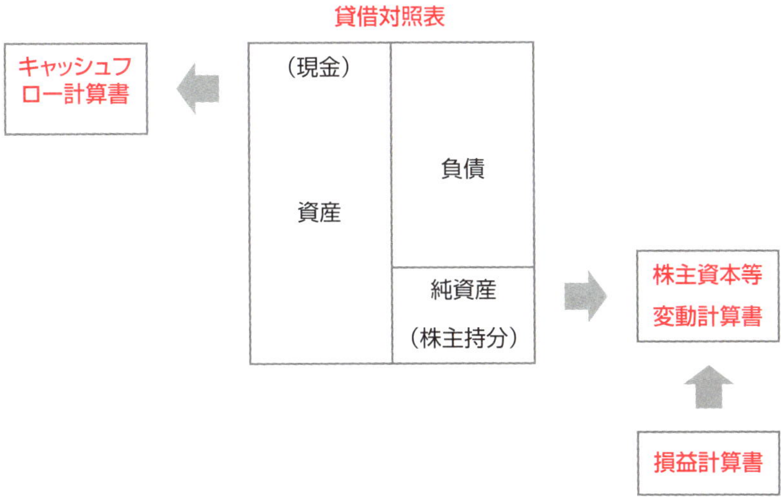


と考えられます。株価もこの増加分の将来の見通しに応じて変動すると考えられますから、この損益計算書の業績予想が極めて重要になります。そこで、『四季報』の記事欄ではこの業績予想を中心に記述しています。

損益計算書の利益は会計的には発生主義の原則で計算されますから、キャッシュの増減とは一致しません。しかし、キャッシュの増減は会社経営では極めて重要です。日々の資金繰りや設備投資さらに株主還元においてもキャッシュの増減は重要な判断材料になります。そのキャッシュの増減を説明するのがキャッシュフロー計算書です。キャッシュフロー計算書ではキャッシュがどのように生まれ、会社がそれをどのように使い、その結果としての過不足をどのように調整し、最終結果としてのキャッシュがどのようになったかを示しています。

財務諸表の最大の役割は株主財産の表示です。株主財産の最も重要な変動要因は損益計算書における当期純利益ですが、それ以外の原因も存在します。それらの変動要因の説明をするのが株主資本等変動計算書です。

実戦ドリル

# 2 主要な財務諸表の目的とは？

1年間の「経営成績」と期末の「財政状態」を知る

**Q**

①～④の目的に適合する計算書はⓐ～ⓓの財務諸表のどれでしょうか？

| | |
|---|---|
| ①現金・預金の変動を表示するもの | ⓐ貸借対照表 |
| ②純資産の変動を表示するもの | ⓑ損益計算書 |
| ③当期の事業成績を表示するもの | ⓒキャッシュフロー計算書 |
| ④期末の財産状態を表示するもの | ⓓ株主資本等変動計算書 |

**A**

正解は以下のとおり。

| | |
|---|---|
| ①現金・預金の変動を表示するもの | ⓒキャッシュフロー計算書 |
| ②純資産の変動を表示するもの | ⓓ株主資本等変動計算書 |
| ③当期の事業成績を表示するもの | ⓑ損益計算書 |
| ④期末の財産状態を表示するもの | ⓐ貸借対照表 |

財務諸表はいくつかの計算書から成り立っている。それぞれの計算書には特有の目的があり、これらをトータルとして把握することにより会社全体の財政状況がわかるように組み立てられている。会社の内容をよりよく知るためには、それぞれの計算書の役割を正確につかんでおくことが大事だよ。

四つの計算書の役割は言葉としてわかったわ。でも具体的にもう一つイメージがわかないから、その中の重要な計算書についてだけ、もう少しわかりやすく説明していただけませんか。

重要な計算書としては貸借対照表と損益計算書が挙げられる。まず貸借対照表から言うと、その最大の目的は株主財産の表示だ。貸借対照表では資産から負債を引いて純資産を表示する。純資産はそのすべてが株主財産になるわけではないんだ。純資産は項目がいくつかに分かれているが、そのうちの株主資本と評価・換算差額等の合計が株主の財産とされる。だが、残念なことにこの株主財産は貸借対照表では一括した名前が与えられていないんだ。

えっ！　驚き！　株主財産って、とても重要そうなものなのに、その名前がないの？

そのとおり。財務諸表上では名前がない。それでは不便なので、『四季報』では“株主持分”と呼んでいるんだ。大切なのは、株主持分は株主財産を示しているということだね。

じゃ、私がある会社の株式を持っていれば、私の財産は貸借対照表の株主持分の分だけあると考えていいの。

そう、よく分かったね。ただ、当然のことながら株主持分全部ではない。その会社の発行済み株式数が100株でＡ子さんが１株だけ持っているとして、その会社の株主持分が1,000万円だとしたら、Ａ子さんの持分はその１%分の10万円という計算になる。株主になったら、その会社の株主持分がどう変動しているのかということに注目してほしいね。

貸借対照表についてはわかりました。それでは損益計算書っていうのはどんなものですか。

損益計算書は会社の事業年度の経営成績、もっと端的に言えば、いくら儲かったかを表示しているんだ。先ほど貸借対照表で一番重要なのは株主の財産である株主持分だと説明したよね。この株主持分が増えることが株主の財産を増加させる。株主財産が増える最大の要因は、会社の儲けだ。その儲け方を表示しているのが損益計算書なんだ。

損益計算書を見れば、その会社の儲ける力がわかるというわけですね。じゃ、損益計算書の当期純利益分だけ、来年も株主財産が増えると考えていいわけですか。

来年のことを言うと、鬼が笑うよ。損益計算書はあくまで昨年度の実績。その実績を踏まえたうえで、今年度はどうなるかを予想する。それが的確にできるかどうかが株式投資の醍醐味。その力を養うことが大切なんだ。

# 3 業績・財務は連結で見る

➡ 株価は連結財務諸表を見て動く

財務諸表は会社を把握する非常に重要な判断資料ですが、その財務諸表には2種類あります。単体財務諸表と連結財務諸表です。以前は単体財務諸表を重視していましたが、今は連結財務諸表の時代です。**上場企業で財務諸表と言えば、連結財務諸表を指すのが普通です。株価も連結の業績を見て動いています。株式投資のためには連結財務諸表の理解が必要になります。**

連結財務諸表が重視されるのは次のような理由からです。現代の大企業は、子会社をはじめとした多くの関係会社を保有しているのが普通です。そうした企業グループは、親会社単独で企業活動をしているわけではなく、親会社を中心としたグループ全体の企業価値を最大化させるべく経営戦略を練っています。その時、親会社単独の財務諸表だけを見て、その会社の良し悪しを云々(うんぬん)していてもナンセンスです。また、もし親会社の単体財務諸表だけが問題だとすれば、親会社の持つ不良債権とか不良在庫を子会社に移転することにより、親会社単体の財務諸表を実態よりよく見せることが可能になってしまいます。

単体財務諸表でもグループ企業がまったく含まれていないわけではありません。親会社はグループ企業の株式を所有していますから、その株式の保有額が貸借対照表における固定資産の投資有価証券として載っています。このことは親会社がグループ企業として、どういう会社をどれくらいの金額で傘下に収めたのかということがわかる貴重な情報です。しかし、問題なのは、単体財務諸表ではこの投資有価証券の中でのグループ企業と一般企業の区別がないことです。

たとえば、A社が株式の100%を所有し、社長も共通の子会社B社を有しているとします。A社は同時に資金運用目的でトヨタ自動車の株式も所有しています。この二つは共に株式ですが、その意味合いはまるで違います。A社は確かにトヨタ自動車の株式を持っていますが、A社はトヨ

## 投資をするなら連結財務諸表をチェック

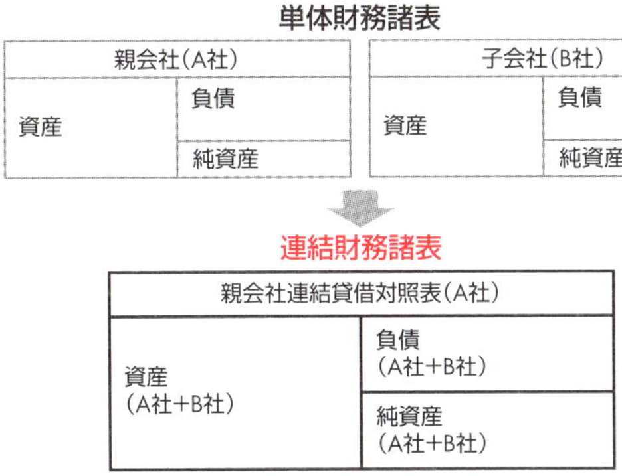


タ自動車の経営とは何の関係もありません。ただ単に余裕資金の運用として所有しているだけですから、資金が必要となったり株価が高くなったりして売却益が見込めるとすれば、市場で売却するかもしれません。ところが、100％株式を所有しているＢ社の株式は違います。社長も共通ですから、親会社と一体で経営して親子会社合わせての株式価値最大化を目指しているでしょうし、もし子会社であるＢ社が経営不振となれば、その経営責任の問題も親会社に生じてきます。その子会社株式は簡単には売却できません。こうした子会社の株式と資金運用目的で所有するトヨタ自動車の株式を同じ基準で見るのはおかしいだろう、というのが連結財務諸表の発想です。

連結財務諸表では親会社と子会社は一体と考えます。Ａ社単体の財務諸表では貸借対照表における資産や負債、そして損益計算書の売上や利益はＡ社だけのものが掲載され、Ｂ社のものは載りません。ところが、連結財務諸表になると、資産・負債・売上・利益はＡ社、Ｂ社合算したものが計上されます。Ａ社とＢ社は実質一体で経営しているのですから、連結財務諸表の方がＡ社の経営実態をより適切に表現していると考えられるからです。

**『四季報』での記述も連結財務諸表を中心にしています。業績欄の実績も予想も連結が主体ですし、コメント欄の記述も親会社だけでなく子会社も含めたグループ全体について行っています。**

実戦ドリル

# 3 連結の範囲

## 子会社は全部連結、関連会社は持分法

Q

親会社の連結財務諸表に組み入れられるグループ会社には子会社と関連会社があります。A 社は以下のようなグループ会社を所有していますが、これらの会社が A 社の連結財務諸表では子会社、関連会社、あるいは子会社でも関連会社でもない一般会社のいずれになるのかを考えてください。

| グループ会社 | A社の株式所有比率 | 経営陣との関係 |
|---|---|---|
| B社 | 60% | 関係なし |
| C社 | 43% | 代表取締役派遣 |
| D社 | 30% | 関係なし |
| E社 | 18% | 取締役派遣 |
| F社 | 14% | 関係なし |

A

正解は B 社、C 社は子会社、D 社、E 社は関連会社、F 社は一般会社、となる。

連結財務諸表に組み入れられる会社って皆同じ位置づけではないのですか。

連結財務諸表はグループ会社をすべて同じ方法で取り扱っているわけではない。グループ会社を親会社の連結財務諸表に組み入れる方法には２種類あるんだ。それは親会社との関係性の濃淡により決まる。親会社と関係が深く、親会社が支配している会社は子会社となる。親会社と関係はあるが、親会社が支配しているとまではいえず、影響力のある会社は関連会社となる。この子会社と関連会社を合わせたものを関係会社と呼び、親会社の連結財務諸表に組み入れるんだ。

子会社と関連会社、その二つはどうやって決まるの？

そこを正確に説明すると少しややこしいが、大雑把に説明すると次のようになる。問題を見ながら考えてみよう。会社の最高意思決定機関は株主総会だから、一番の基本は親会社の株式所有比率になる。親会社の株式所有比率が50%を超えているとそれだけで子会社になり、B社がこれに当たる。でも、50%以下でも一定の要件に該当すれば、その場合も子会社になる。たとえば、親会社が40%以上の株式を保有し代表取締役を派遣していれば、支配力があるとされて子会社になる。これがC社だ。親会社が20%以上の株式を保有していて、子会社ではない場合は関連会社になる。D社の場合だ。でも、親会社が15%以上の株式を保有していて経営陣に人を送り込んだりしていれば、影響力があるということでこの場合も関連会社になる。これがE社だ。F社のように15%に満たない株式所有比率で、経営にも取引にもまったく関係なければ一般株式となり、連結財務諸表に組み込まれる関係会社とはならない。

ややこしい話ね。

詳しく言うと、もっと複雑なんだけれども、これでもかなりやさしく説明したつもり。

それで、子会社と関連会社では連結財務諸表への組み入れ方はどのように違うのですか。

子会社の場合は、親会社と完全に一体とみなされる。連結財務諸表では全部連結という方法で子会社の業績が組み入れられる。全部連結では子会社の資産・負債・売上・利益などが一体で連結財務諸表に組み入れられる。一方、関連会社になると、影響力はあるが完全に一体とは言えないので、持分法という方法が用いられる。持分法では、関連会社の最終利益の親会社の株式持分所有比率分だけが親会社の利益に計上される。たとえば、関連会社の最終利益が1億円で親会社の株式所有比率が20%であれば、2,000万円が親会社の損益計算書の営業外収益において持分法投資利益として計上されるんだ。

# 4 株価は“将来”の予想で動く

➡『四季報』の生命線は今・来期の２期にわたる独自予想

株価は将来の業績予想を反映して動きます。『四季報』の生命線も業績予想にあります。証券など一部の業種を例外として、会社は前期の決算発表と同時に、現在始まっている期の業績予想を公表します。これを通常「会社計画」「会社予想」などと呼びます。また、会社は発表した予想に見通しの変更があった場合には、速やかに予想の修正を行うことが取引所のルールで定められています。その基準は、売上高で直近の予想に対して10％、利益については同じく30％の変動があった場合です。

会社の実情は会社自身が一番知っているはずですから、会社予想が大事な情報であることは間違いありません。ですが、『四季報』が会社予想を検証しないでそのまま誌面に掲載するということはありません。「本当は赤字になるが、再建計画に信憑(しんぴょう)性を持たせるため黒字で出しておこう」とか、「すごい利益が出そうだが取引先との関係もあるし、控えめに公表しよう」など、会社側にも業績予想を調整して公開するインセンティブが働くのです。もちろん会社自身が事業環境を読み違えることもあります。**『四季報』では、記者が取材を行い、会社予想の根拠などをチェックします。会社側の説明が合理性に欠けるような場合には、『四季報』は会社予想と異なる独自の予想を掲載します。また会社が予想を公表するのは「今期」だけですから、『四季報』の2期目の業績予想はすべて独自予想です。**株式投資には、足元の業績動向も大事ですが、来期以降の先行きや成長見通しによっても株価は大きく変動します。『四季報』が独自に2期目の予想を行い、将来の方向性を投資家に提供するのはこのためです。

図は『四季報』の【業績】欄の例です。損益計算書から、売上高、営業利益、経常利益、最終利益（利益）の大事な4項目を抽出し、これに1株益、1株配を加えた6項目で成り立っています。連結決算を実施している会社は連結決算を中心に、単独決算会社は単独決算の数値を表示しています。純粋持株会社、会社が単独決算の会社予想を発表していない会社は単独決

## 四季報予想は記者の独自予想

〈例：7012 川崎重工業〉

| 【業績】(百万円) | 売上 | 営業利益 | 経常利益 | 利益 | 1株益(円) | 1株配(円) |
|---|---|---|---|---|---|---|
| 連05. 3 | 1,241,591 | 24,744 | 21,044 | 11,478 | 7.9 | 2.5 |
| 連06. 3 | 1,322,487 | 41,794 | 30,885 | 16,467 | 11.2 | 3 |
| 連07. 3 | 1,438,618 | 69,141 | 49,052 | 29,771 | 18.9 | 5 |
| **連08. 3予** | **1,480,000** | **80,000** | [illegible] | [illegible] | [illegible] | [illegible] |
| **連09. 3予** | **1,500,000** | **83,000** | **73,000** | **42,000** | **25.2** | **5~8** |
| 中06. 9 | 645,851 | 25,562 | 20,367 | 11,413 | 7.3 | 0 |
| 中07. 9予 | 710,000 | 35,000 | 35,000 | 20,000 | 12.0 | 0 |
| 四06. 4- 6 | 302,200 | 10,058 | 9,337 | 5,525 | 3.5 | |
| 四07. 4- 6 | 330,444 | 19,197 | 19,138 | 12,010 | 7.2 | |
| 単08. 3予 | 890,000 | 50,000 | 40,000 | 24,000 | 14.4 | |

会社計画営業益620億円に対して『四季報』は800億円を予想

〈例：6758 ソニー〉

| 【業績】(百万円) | 売上 | 営業利益 | 税前利益 | 利益 | 1株益(円) | 1株配(円) |
|---|---|---|---|---|---|---|
| ◉04. 3 | 7,496,391 | 98,902 | 144,067 | 88,511 | 96.0 | 25 |
| ◉05. 3 | 7,159,616 | 113,919 | 157,207 | 163,838 | 175.9 | 25 |
| ◉06. 3 | 7,475,436 | 191,255 | 286,329 | 123,616 | 122.6 | 25 |
| ◉07. 3 | 8,295,695 | 71,750 | 102,037 | 126,328 | 126.2 | 25 |
| **◉08. 3予** | **9,000,000** | **460,000** | **440,000** | **330,000** | **329.0** | **25** |
| **◉09. 3予** | **9,500,000** | **465,000** | **445,000** | **335,000** | **334.0** | **25** |
| 中06. 9 | 3,598,415 | 6,215 | 27,906 | 33,971 | 33.9 | 12.5 |
| 中07. 9予 | 4,000,000 | 140,000 | 130,000 | 82,000 | 81.8 | 12.5 |
| 四06. 4- 6 | 1,744,236 | 27,048 | 54,028 | 32,291 | 32.3 | |
| 四07. 4- 6 | 1,976,510 | 99,323 | 83,758 | 66,455 | 66.3 | |

米国SEC方式決算なので決算期の前に◉と表示

算を省略しています。決算期の前に付けられている◉は米国のSEC基準で決算を発表している会社を意味しています。「変」とある場合は決算期間が12カ月でない変則決算の場合です。

会社の業績を評価し、先行きを見通すに当たっては過去からのトレンドや前期との対比が重要な判断基準になります。過去の実績は細字で示し、今期・来期の2期分の予想は「予」の文字とともに太字で表示しています。この予想は株式市場での注目度が高く、『四季報』発売と同時に個々の企業の株価が動くこともあります。これがいわゆる「四季報相場」です。『四季報』が株式投資のバイブルと呼ばれるのもこのためです。

実戦ドリル

# 4 会社の予想と『四季報』予想

第三者の中立的視点が『四季報』予想のウリ

Q

業績予想に関して、次の選択肢のうちで正しいのはどれですか。

① 一部の企業を例外として、会社は今期の業績予想を公表している

②『四季報』では、証券会社のアナリスト予想を掲載している

③『四季報』では、すべて会社の公表している予想を掲載している

A

どれが正解かしら。そもそも業績予想にいろいろ種類があるということ自体が、よくわからないんだけれど……。

質問の正解は①だけれども、基本から説明しようか。株価が将来の利益見通しに従って動くことはわかったよね。業績予想は株式投資にとって大事な情報ということだ。日本では、終わった期の決算実績の発表と同時に、始まった期の自社の業績予想を経営者が発表することになっているんだ。これを「会社計画」あるいは「会社予想」「経営者予想」と呼んだりする。

「日本では」ということですが、米国なんかでは、経営者は予想を発表していないんですか？

実はそうなんだ。米国では、原則としては、経営者は予想を発表するというルールはない。会社予想の発表は、日本の情報開示制度の一つの特徴だ。米国では、証券会社に所属して会社を分析するアナリストの出す予想が投資家に利用されている。投資先進国の米国と違って、日本では、昔はアナリストの質も量も十分ではなかった。だから上場会社が自社の予想を投資家に提供するルールになったと言われているね。

でも会社が自分で出す予想やアナリストの予想は信頼できるのか

しら。

会社予想の発表は制度として根づいており、また「有用性が高い」という評価が一般的だと思うよ。でも、会社によっては、さまざまな事情から、本音と違った予想を公開する場合もあるし、また外部の第三者が冷静な視点から、経営環境やいろんな会社を比較することで浮かび上がってくる会社の姿というものもある。

だから証券会社のアナリストの予想が大事になってくるということですね。

そうだね。ただ、証券会社にもいろんな業務がある。たとえば、企業が発行する株式を引き受けて手数料をもらうとかね。この場合、企業が証券会社のお客さんになる。そのため、米国ではＩＴバブルの時など、企業に有利な調査レポートを出すアナリストがいたりして大問題となった。そこで、証券会社ではない独立系の調査会社の予想やレポートが脚光を浴びることになったんだ。

日本では事情はどうなのかしら？

日本では、1936年に発刊された『四季報』が企業情報誌として投資家に親しまれているね。『四季報』の予想は、投資家のためだけに作られていて中立性が特徴だと言える。記者が取材して分析を行った結果、会社予想と異なる予想を立てることもある。独自予想が『四季報』の売り物だね。『四季報』予想、会社予想、アナリスト予想の順に予想の精度が高いという研究もあるよ。

それ以外の『四季報』予想の特徴は何ですか？

会社の中には、証券会社など自社の業績予想を発表しない会社もある。また証券会社のアナリストの分析は、どうしても規模が大きかったり、人気の高い会社に集中していたりするので、アナリストが見ている会社は上場会社約4,000社のうち、千数百社くらいにとどまっている。それに対して『四季報』は上場会社全社の予想をしているね。また今期だけでなく、２期目の来期も予想しているのも『四季報』の特徴だ。

# 5 さまざまな利益

➡ 営業利益、経常利益、当期純利益が重要

利益の変動は株価に重大な影響を与えます。ただ、一口に利益といってもいろいろな段階の利益がありますから、それぞれの意味合いを把握しておく必要があります。

損益計算書には売上総利益、営業利益、経常利益、税引前当期純利益、当期純利益、と5種類の利益が記載されています。

**①売上総利益＝売上高－売上原価**

売上高から売上原価を引いたものが売上総利益です。小売業や卸売業であれば売上原価は仕入原価ですし、製造業であれば製造原価になります。売上総利益は利益の基礎となるもので、粗利（あらり）とも言います。

**②営業利益＝売上総利益－販売費及び一般管理費**

販売費及び一般管理費には製造経費以外の人件費や販売に係る費用が含まれます。これは事業を行うために最低限必要な経費です。**営業利益は売上総利益から販売費及び一般管理費を引いたものですから、純粋な本業の収益力を示すものと言えます。いわば、会社の核となる実力の利益です。**

**③経常利益＝営業利益＋営業外収益－営業外費用**

営業外収益の代表的なものは預金等の受取利息で、営業外費用の代表的なものは借入金等にかかる支払利息です。主として会社の財務活動から生ずる営業外収益と営業外費用の二つを総称して営業外損益と言います。経常利益は営業利益に営業外損益を加減したものです。**経常利益とは、本業だけでなく財務も含めて毎期経常的に発生すると予想される利益です。会社全体としての通常の実力を示すものとしては、この経常利益が最も適しています。**

**④税引前当期純利益＝経常利益＋特別利益－特別損失**

特別利益と特別損失を合わせて特別損益と言います。特別損益とは、その年度に特別に生じた損益です。たとえば、土地の売却損益などが該当します。不動産業以外の普通の会社では、土地の売却は毎年発生するもので

## さまざまな利益を整理すると……

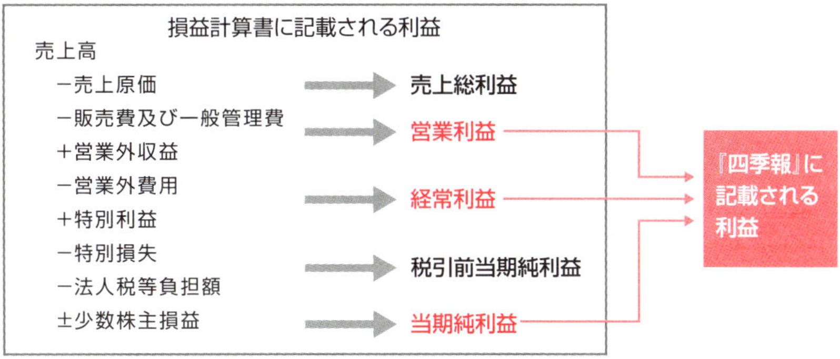


はありません。ここに出てきた特別損益は、来年度以降も同様に発生すると想定することはできません。したがって、翌期以降のこの会社の利益を予想する時には、この部分は除外して考える必要があります。税引前当期純利益は、こうした特別損益を含めてこの年度に発生した法人税等を支払う前のすべての損益の合計です。

**⑤当期純利益＝税引前当期純利益－法人税等負担額（連結の場合はさらに少数株主損益を加減する）**

法人税等負担額とは、実際に支払うべき法人税等と税効果会計で計上される法人税等調整額を合計したものを言います。税引前当期純利益から法人税等負担額を控除すれば、当期純利益が算出されます。単体の場合はこれで終わりですが、連結になるともう一段の調整が必要になり、そこから少数株主損益を加減しなければなりません。**その結果算定された当期純利益が、税金を控除した会社に残る利益であり、最終利益または単に純利益とも呼ばれます。途中経過はどうであれ、会社がこの年度にどれだけ儲かったかは、この当期純利益で表現されます。**

『四季報』の業績欄には、その中から営業利益、経常利益、当期純利益（『四季報』にはただ「利益」と記載されています）の三つが掲げられています。それは損益計算書の利益の中で、この3種類の利益がポイントになるためです。

実戦ドリル

# 5 利益の増減要因

各段階の利益はどのような要因で変動するか

**Q**

製造業Ａ社における以下の各事象が、連結損益計算書の売上総利益、営業利益、経常利益、税引前当期純利益、当期純利益のどこに影響を与えるか考えてください。

①関連会社の業績が好調で、持分法利益が増加した
②親会社の利益が大きくて、法人税の支払額が増加した
③工場の設備投資を行い、減価償却費が増加した
④工場の設備投資のために借り入れをしたため、支払利息が増加した
⑤営業所の販売要員を増やし、人件費が増加した
⑥本社土地の固定資産税評価額が上昇し、固定資産税が増加した
⑦使わなくなった営業所を売却し、土地売却益が出た

**A**

正解は次のとおり。
①経常利益　②当期純利益　③売上総利益　④経常利益　⑤営業利益　⑥営業利益　⑦税引前当期純利益

利益にもいろいろあって、各項目がどの利益に影響を与えるかというのはかなり複雑そうですね。

復習も兼ねて損益計算書の上の方の利益から見ていこう。まず、大切なのはこの会社が製造業であるかどうかということだね。製造業であれば製造原価があり、製造関係の費用は製造原価として売上総利益を変動させる。だから③の工場の設備投資をしたことによる減価償却費の増加は売上総利益の減少要因となるんだ。

売上総利益から販売費及び一般管理費を引いたものが営業利益ね。

そう。だからこの問題で言えば、どの項目が販売費及び一般管理

**貸借対照表と損益計算書の関係**

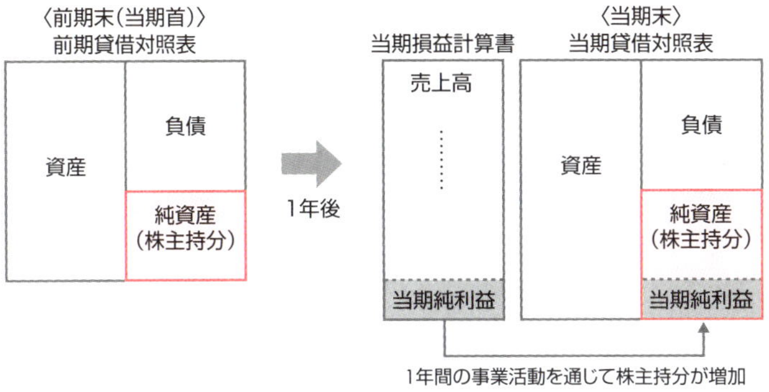


どれだけ増加させることができたかで評価されます。期初の株主持分は増減資等がなければ原則として損益計算書の最終結果である当期純利益分だけ増加します。**つまり、１年間の事業活動でこの当期純利益分だけ純資産が増加したことになります。純資産を増加させることができれば、経営者の最低限の責任は果たせたと言えます。**

このように当期純利益は株主に直結する利益です。そのため、株価に関連する１株当たり利益、ROE（株主持分利益率）、ROA（総資産利益率）、PER（株価収益率）等の利益関係の指標のほとんどが、この当期純利益をベースに計算されます。

逆に当期純利益が赤字（当期純損失）になると、株主持分を減少させます。期初にあった株主財産を、事業活動を行った結果、減らしてしまったことになります。１年間経営して株主財産を減らしてしまったのでは、株主は何のために報酬を払って経営者に会社の経営を任せたのかわかりません。極端なことを言えば、株主財産を減らすような経営をするなら、なまじ事業など行わず、解散して株主財産を株主で分配した方がいいと言えるのです。**赤字を計上するというのは、経営者が株主に対する責任を果たせていないことになるのです。**

実戦ドリル

# 6 営業利益を予想する

## 利益率が高い製品が伸びるかどうかに注目

Q

下記①は2008年3月期のA社の業績です。②に示した予想の前提に基づいて2009年3月期の業績を予想してください。

①2008年3月期実績（単位：億円）

| | 売上高 | 売上総利益 | 販売費及び一般管理費 | 営業利益 |
|---|---|---|---|---|
| 2008年3月期 | 3,000 | 1,000 | 700 | 300 |

②2009年3月期予想の前提（単位：億円、下記以外は2008年3月期と変わらないと想定）

（1）売上高

・A社は甲製品と乙製品を生産している。2008年3月期の製品別の売上・利益実績は以下のとおり。

| | 売上高 | 売上総利益 | 売上総利益率 |
|---|---|---|---|
| 甲製品 | 2,000 | 600 | 30% |
| 乙製品 | 1,000 | 400 | 40% |
| 合　計 | 3,000 | 1,000 | 33.3% |

・2009年3月期の市場予測は以下のとおり。

甲製品：市場縮小で売上高は15%減少見込み。だが、稼働率の悪い機械を廃棄したことで減価償却費が減少し、売上総利益率は2%向上。

乙製品：前年発売の新製品がヨーロッパで売上好調で、売上高は20%増加見込み。売上総利益率は変わらない。

（2）販売費及び一般管理費

・海外要員を増員したことにより、人件費が20億円増加見込み。

・昨年、本社社屋を改築したことで、減価償却費が30億円増加見込み。
・甲製品の市場縮小を受け、甲製品の研究開発費を30億円削減予定。

A

正解は以下のとおり。

| | 売上高 | 売上総利益 | 販売費及び一般管理費 | 営業利益 |
|---|---|---|---|---|
| 2009年3月期予想 | 2,900 | 1,024 | 720 | 304 |

利益予想の出発点は売上高ですね。

そのとおり。利益を上げるには売上を増やすか経費を削るかだが、何といっても売上を増やすのが基本だ。利益を予想するためには、売上をできるだけ正確に予想しなければならない。売上予想の第一歩は市場別予想だ。決算短信や有価証券報告書を見るとセグメント情報があるので、それをベースに製品別に売上を予想してみる。その際、重要なのは製品別の利益率だ。利益率の高い製品が伸びれば利益が上昇する。Ａ社の場合、利益率の高い乙製品が増加し、乙製品の売上総利益は480億円に増加する（1,000億円×120%×40%）。主力の甲製品は売上減少となるが、経費の節減で利益率を高めて売上総利益は544億円となる（2,000億円×85%×32%）。甲製品の売上減少で全体の売上高は100億円の減少になるが、売上総利益は乙製品のガンバリと甲製品の利益率上昇で24億円の増加見込みになるというわけさ。

それで、肝心の営業利益はどう予想するの。

売上総利益までは予想できたのだから、次は販売費及び一般管理費を予想する。研究開発費は削減するが、人件費・減価償却費の増加でトータル20億円の増加となる。その結果、営業利益は304億円と前年とほとんど同じ水準となる。製造業では、工場関係で発生する人件費や減価償却費は販売費及び一般管理費ではなく売上原価に含まれることも覚えていてほしい。

# 7 株価に直結するEPS

➡ 自己株買いをするとEPSが向上することが多い

株主財産を増加させるには当期純利益がプラスでなければなりません。当期純利益は株主にとって非常に重要な利益です。ただ、当期純利益は会社全体で算出され、株価との関係がはっきりしません。**株価は1株についての価格ですから、株価との対応関係を明確にするためにはEPS（1株当たり利益）に着目します。**EPSは次の算式で計算します。

$$\mathrm{EPS} = \frac{\text{当期純利益}}{\text{発行済み株式総数}}$$

EPSは四季報では「1株益」として業績欄に記載されています。後で説明する株価の割安度合いを判断するPERは、EPSを基準に計算されます。また、配当も1株単位で決められますから、このEPSが配当決定の重要な要素になります。このEPSが順調に増加していくようなら、株価も配当も右肩上がりで上昇、増加することが期待できます。

EPSは株価を決定する重要な要素ですから、投資家が注目する指標であると同時に、経営者もEPSを引き上げるべく経営をします。EPSを引き上げるには二つの方法があります。**一つは利益を向上させることです。**これは経営の基本であり、言うまでもありません。**二つめは分母である発行済み株式総数を減らすのです。**分子が変わらず分母が減れば、当期純利益が赤字でないなど通常のケースでは、EPSは上昇します。発行済み株式総数を減らす代表的な方法が自己株買いです。

自己株買いとは自分の会社の株式を購入することです。以前は自社の株式を購入することは厳しく制限されていましたが、法律改正により今では自由にできるようになっています。自己株買いはEPSを引き上げる重要な手段ですが、やみくもに買えばいいというものではありません。自己株買いを評価するには次のような点を考慮する必要があります。

自己株買いといっても株式の購入ですから、キャッシュが必要になりま

## 自己株買いに積極的な例

〈例：6752 松下電器産業〉

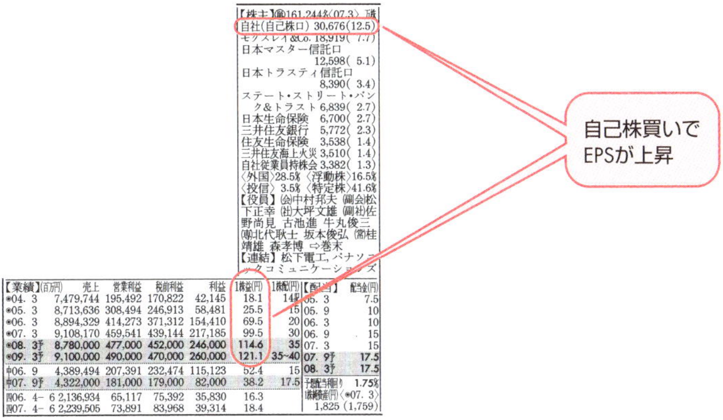


【株主】㊥161,244名〈07.3〉万株
自社(自己株口) 30,676(12.5)
モクスレイ&Co. 18,919( 7.7)
日本マスター信託口 12,598( 5.1)
日本トラスティ信託口 8,390( 3.4)
ステート・ストリート・バンク&トラスト 6,839( 2.7)
日本生命保険 6,700( 2.7)
三井住友銀行 5,772( 2.3)
住友生命保険 3,538( 1.4)
三井住友海上火災 3,510( 1.4)
自社従業員持株会 3,382( 1.3)
〈外国〉28.5%　〈浮動株〉16.5%
〈投信〉 3.5%　〈特定株〉41.6%
【役員】㊎中村邦夫 ㊓副会㊔松下正幸 ㊓社㊔大坪文雄 ㊓副社㊔佐野尚見 古池進 牛丸俊三 ㊓専㊔北代耿士 坂本俊弘 ㊓常㊔桂靖雄 森孝博 ⇨巻末
【連結】松下電工, パナソニックコミュニケーションズ

| 【業績】(百万円) | 売上 | 営業利益 | 税前利益 | 利益 | 1株益(円) | 1株配(円) |
|---|---|---|---|---|---|---|
| ◉04. 3 | 7,479,744 | 195,492 | 170,822 | 42,145 | 18.1 | 14記 |
| ◉05. 3 | 8,713,636 | 308,494 | 246,913 | 58,481 | 25.5 | 15 |
| ◉06. 3 | 8,894,329 | 414,273 | 371,312 | 154,410 | 69.5 | 20 |
| ◉07. 3 | 9,108,170 | 459,541 | 439,144 | 217,185 | 99.5 | 30 |
| ◉08. 3予 | 8,780,000 | 477,000 | 452,000 | 246,000 | 114.6 | 35 |
| ◉09. 3予 | 9,100,000 | 490,000 | 470,000 | 260,000 | 121.1 | 35~40 |
| 中06. 9 | 4,389,494 | 207,391 | 232,474 | 115,123 | 52.4 | 15 |
| 中07. 9予 | 4,322,000 | 181,000 | 179,000 | 82,000 | 38.2 | 17.5 |
| 四06. 4- 6 | 2,136,934 | 65,117 | 75,392 | 35,830 | 16.3 | |
| 四07. 4- 6 | 2,239,505 | 73,891 | 83,968 | 39,314 | 18.4 | |

| 【配当】 | 配当金(円) |
|---|---|
| 05. 3 | 7.5 |
| 05. 9 | 10 |
| 06. 3 | 10 |
| 06. 9 | 15 |
| 07. 3 | 15 |
| 07. 9予 | 17.5 |
| 08. 3予 | 17.5 |

予想配当利回り 1.75%
1株純資産(円)〈◉07. 3〉 1,825 (1,759)

す。自己株買いをして事業資金が不足しては元も子もありませんから、ある程度の余裕資金が必要です。また、株式は他人が持っているから資本として機能するのであり、自分で自分の会社の株式を持ってしまったら、資本としての意味はありません。自己株買いをすると、その分は財務諸表上、株主資本のマイナスとして表示されます。つまり、株主持分比率（自己資本比率）が下がるわけです。

自己株買いで注意すべき点はキャッシュの減少と株主持分比率が下がることにあります。逆に言えば、手元資金に余裕があって、また株主持分比率が高く、株主から預かった資金が効率的に利益を生んでいない状況であれば、自己株買いを検討すべきだと言えます。しかし、株価が高い時に自己株買いをすると、流出するキャッシュに比べて発行済み株式総数の減少が少なくなってしまい、EPSを効率よく引き上げることができません。**デメリットをできるだけ抑えながらメリットを享受するためには、株価が低い時に自己株買いを行う必要があります。**

実戦ドリル

# 7 配当性向の使い方

## EPSは重要な配当決定要因

Q

A社の発行済み株式総数を1,000千株、配当性向を30%として、将来の1株当たり配当金額を計算してください。

| | 当期純利益(百万円) |
|---|---|
| 2008年3月期 | 4,000 |
| 2009年3月期 | 5,000 |
| 2010年3月期 | 6,000 |

A

正解は以下のとおり。

| | 当期純利益(百万円) | 1株益(円) | 1株配(円) |
|---|---|---|---|
| 2008年3月期 | 4,000 | 4,000 | 1,200 |
| 2009年3月期 | 5,000 | 5,000 | 1,500 |
| 2010年3月期 | 6,000 | 6,000 | 1,800 |

配当性向って何なのかしら。

配当性向というのは当期純利益のうちの配当に回す割合を言うんだ。配当性向を約束していれば、当期純利益が増えれば配当も増える。A社は2008年3月期の当期純利益が4,000百万円だから、EPS（1株当たりの利益） は4,000円になる。配当性向30%ということは、4,000円のうちの30%を配当するということだから、配当には1,200円が回る。その後、2009年、2010年と利益が増えるにつれ、配当金額も増加していく。

利益が増えれば株主に対する配当が増えるというのは当たり前のことのような気がしますが。

それが、そうでもないんだ。以前は我が国の多くの企業は安定配当といって、利益水準と関係なく一定としていた会社が多かった。最近は欧米流に配当は利益水準に応じて変わるとする会社が増えてきて、配当性向を公約する会社が多くなってきているがね。

株主とすれば、できるだけ多く配当してもらった方が得なわけでしょ。

そうとも言い切れない。会社がこれ以上成長せず資金を必要としないということであれば、会社が稼いだ利益すべてを配当することが望ましい。しかし、会社は今後とも成長しなければならず、そのためには会社で使う資金もいる。会社が稼いだ利益の一部を会社自身でも使う必要がある。その結果会社がより一層利益をあげ、いい会社になれば株価は上昇し、株主のメリットになる。株主は配当を現金として受け取れば、それを自分で運用しなければならない。株主が運用するより、会社が自分で資金を使い会社が高い成長をし、それで株価が上がるなら、その方が株主にもメリットがあるとも言えるわけさ。

資金を多く使いたい会社では配当性向は低くなり、もうあまり使わなくてもいい会社の配当性向は高いというわけですね。

そのとおり。一般的には成長企業の配当性向は低くなり、成熟企業の配当性向は高くなる。

財務諸表には連結と単体があると聞いたけど、配当性向はどちらの利益を基準にするの。

それは会社によって違うんだ。企業はグループとしての企業価値の最大化を目標とし、株価も連結財務諸表の数値を見て動いている。連結財務諸表における業績の向上を目指して経営しているのだから、配当性向も連結で見た方がいいと思うんだが、法律上まだ配当については単体中心に規定されている。その結果、配当性向については単体の配当性向を約束している会社が多かった。しかし、最近では連結配当性向を約束する会社が目立って増えているよ。

# 第2章

# 企業分析のポイント

# 1 貸借対照表の基本

➡ 貸借対照表で財務内容をつかむ

株価の最大の決定要因は将来の利益ですから、利益を算定する損益計算書に注目するのは当然です。『四季報』でも業績欄において損益の実績と予想を掲載し、コメントもこの業績欄を中心に記載されます。しかし、財務諸表は損益計算書ばかりではありません。貸借対照表にも重要な情報が含まれています。

直近の貸借対照表は前期末（＝当期首）現在の会社の資産・負債・純資産の状況を表示しています。これがこの会社の当期の企業活動の出発点となります。**貸借対照表は期首において銀行などの債権者からこれだけ資金調達をして、このような物的資産を保有し、その差額として純資産はこれだけあります、ということを表示しています。**当期において会社の経営陣がこの貸借対照表にある物的資産を有効に活用しながら、純資産をできるだけ増加させるように経営を行います。将来の業績予想をする際には、会社の貸借対照表の状況を正確に理解しておくことは不可欠です。そこで、『四季報』では直近の貸借対照表について、主要な数値を抜粋して財務欄に記載しています。『四季報』は連結財務諸表を作成している場合は、連結財務諸表について記述しています。連結貸借対照表は図のように表示されます。

**貸借対照表の左側の資産は、将来の収益貢献に役立てるために資金をどのような形で運用しているかを示しています。**資産の中で現金預金や売掛金などの資金化の早いものを流動資産とし、土地や建物などのように資金化に時間がかかるものは固定資産として区分します。

投資家はまず、資産規模に着目します。会社が大きくなれば資産規模が大きくなるのは当然ですが、同じ収益を上げるのなら資産は小さいほうが評価できます。資産が大きいということはそれだけ資金が必要になるということですし、また資産は不良化する危険性がありますから、そのリスクが高まります。また資金をどこに重点的に張り付けているのかにも注目し

### 連結貸借対照表

| | |
|---|---|
| （資産の部）<br>1流動資産<br>（現金預金）<br>（受取手形）<br>（売掛金）<br>（在庫）<br><br>2固定資産<br>（土地）<br>（建物）<br>（投資有価証券） | （負債の部）<br>1諸負債<br>（支払手形）<br>（買掛金）<br>2有利子負債<br>（短期借入金）<br>（長期借入金）<br>（社債） |
| | （純資産の部）<br>1 株主資本<br>①資本金<br>②資本剰余金<br>③利益剰余金<br>2評価・換算差額等<br>3新株予約権<br>4少数株主持分 |

（注）赤字は『会社四季報』掲載項目。資産は『会社四季報』では「総資産」として表示

ます。製造業であれば固定資産が大きくなります。

**貸借対照表の右側は資金の調達状況を表示しています。負債は債権者から調達した資金です。**負債には支払手形や買掛金といった通常の事業の中で発生するものと、有利子負債とがあります。有利子負債には銀行などから調達する長短の借入金や社債権者から調達する社債などがあります。有利子負債が大きすぎると、返済負担が重荷になることがあるので注意が必要です。収益に比べ有利子負債の負担が過重になると、経営破綻に陥ることもあります。

**資産と負債の差額が純資産です。**普通の会社は負債より資産のほうが大きいですから、差額である純資産は貸借対照表の右側に出てきます。純資産の中身については後で説明しますが、会社のオーナーである株主からの調達ですから、返済不要であるところが負債との大きな違いです。

実戦ドリル

# 1 資金調達方法の選択

## 増資と有利子負債は何が違うのか

Q

A 社は新工場の設備投資を予定しています。A 社としてはかなり巨額な資金調達なのですが、調達方法が決まっていません。銀行からの借入金と増資で資金調達した場合の次の記述のうち、正しいものには○、誤っているものには×をつけてください。

①損益計算書の利益面から見ると、借入金の支払利息も増資に関する支払配当も営業外費用に計上されるから、利益は変わらない

②税金面から見ると、借入金の支払利息は所得金額の計算上損金に算入されるが支払配当は損金に算入されないから、税金面では借入金のほうが有利である

③株主持分比率の面では、借入金は負債であるのに対し増資は株主持分になるので、増資のほうが株主持分比率が高くなる

④増資でも借入金でも同じ金額で調達するなら、株価に与える影響は変わらない

A

正解は以下のとおり。

①×　②○　③○　④×

借入金と増資では利益に与える影響はどう違うの。

借入金は有利子負債だから利息を支払わなければならないよね。支払利息は損益計算書の営業外費用に計上されるから、経常利益以下の利益が減少する。これに対し、増資に関する支払配当は必ずしも払わなければならないというものではないし、たとえ払う場合でも損益計算書の外の株主資本等変動計算書で支払うから、損益計算書の利益の減少要因とはならないんだ。

それなら増資のほうがコストが安いんだから、増資で資金調達すればいいんじゃないかしら。

**いや、そう簡単な話ではないんだ。有利子負債の資本コストは契約で定められた金利だ。また、金利は費用として課税対象利益を圧縮するから、税額減少分を控除したものが最終的なコストとなる。ここではキャッシュアウトと資本コストが一致する。でも、増資に伴う株主資本の資本コストの考え方はやや複雑だよ。株主資本に対するキャッシュアウトは配当だから配当だけを資本コストと考えればいいか、というとそうじゃない。株主は配当さえもらえばそれで満足、というほど甘くはないよね。資本コストという言い方は資金調達する側からの考え方だが、資本コストとは実は資金提供者から見た期待利益のことなんだ。有利子負債の資金提供者の期待利益は言うまでもなく金利だ。しかし、株主資本の資金提供者である株主の期待利益は配当だけでなく、キャピタルゲインも含まれる。**

コストを日本語に訳すと費用だから、損益計算書の費用として出てくるものだけをコストと考えてしまいがち。でも、株主資本は負債よりリスクは高いのだから、資金提供者の期待利益、すなわち資本コストは当然、有利子負債より高くなるというわけですね。

株主持分比率に与える影響はどうなの。

**増資は株主持分を、借り入れは負債を増やすのだから、株主持分比率は増資のほうが高くなる。ただ、増資をすると発行済み株式数が増加するから、EPS（１株当たり利益）が下がる。これをダイリューション（資本の希薄化）といい、株価の下方圧力となる。**

どちらが有利かということは一概には言い切れないのね。

**そのとおり。状況をよく考えて、資本コスト面や株主持分比率、そして株価への影響などを総合的に判断して決めることになる。**

# 2 純資産の内容

➡ 株主財産を表現する株主持分に注目しよう

貸借対照表全体については前節で説明しましたが、株主としては株主財産を主として表現する純資産が重要です。ここでは純資産について細かく見てみます。

資産から負債を引いたものは単なる資産と負債の差額としての純資産になります。**純資産全体が株主の財産ではありません。**純資産は次のように細分化されています。

まず、帳簿上の株主の持分を示す株主資本です。株主資本は払込資本である資本金と資本剰余金、内部留保としての利益剰余金からなります。払込資本は会社の外から株主が投入した資金であるのに対し、内部留保は会社がこれまでの事業で蓄積した利益、すなわち損益計算書の最終利益から配当等の社外流出を除いて蓄積されたものです。このように同じ株主資本といっても、払込資本と内部留保はその性格がまったく違います。ただ、その二つとも株主のものという点では変わりなく、株主資本として分類されます。また、自己株式は株主資本の最後で控除されます。

純資産の2番目は評価・換算差額等です。資産勘定は原則的に取得原価で計上されますが、特別の規定により時価評価できる資産があります。たとえば、金融商品の時価会計の規定により再評価される有価証券や土地再評価法による土地などです。そうした資産が時価評価され、しかも損益計算書を通らずに直接に純資産を増減させる評価損益は、純資産の中で評価・換算差額等としてまとめてあります。ここに計上された評価・換算差額等は損益として認識されていませんから、実際に課税はされていません。しかし、もし損益が実現すると課税されますから、ここではその税効果分を控除して計上しています。

純資産の3番目は新株予約権です。新株予約権はあくまで新株を購入できる権利で、株式として確定したものではありませんので、株主資本とは別枠で表示されます。そして、最後に少数株主持分があります。少数株主

## 連結貸借対照表の純資産の部

**1株主資本**
1資本金
2資本剰余金
①資本準備金
②その他資本剰余金
3利益剰余金
①利益準備金
②その他利益剰余金
4自己株式(△)
**2評価・換算差額等**
①その他有価証券評価差額金
②繰延ヘッジ損益
③土地再評価差額金
**3新株予約権**
**4少数株主持分**

株主資本
株主持分
(自己資本)
純資産

持分とは、子会社の株主資本のうち親会社持分以外のものを言います。たとえば、親会社の子会社への出資比率が60％なら、残りの40％が少数株主持分になります。親会社の子会社への出資比率が100％なら少数株主持分はありません。

ここで注意してほしいのは、純資産、株主資本、株主持分（自己資本）などの言葉の定義です。純資産と株主資本は上記のように財務諸表で明確にされています。**純資産は資産から負債を控除した広い概念で、株主資本は純資産の中の株主の財産です。ただ、株主資本は帳簿上の株主財産であり、評価・換算差額等も実質的な株主財産と考えていいものです。**この実質的な株主財産を東京証券取引所では“自己資本”と言い、『四季報』では“株主持分”と呼んでいます。『四季報』での表記の仕方は株主持分となっています。投資家としては、この株主持分（自己資本）がどのように変動するかに注目しなければなりません。

実戦ドリル

# 2 配当はどこから出すのか

## わが身を削って配当をしていないか？

Q

純資産に関する次の説明のうち、正しいものには○、誤っているものには×をつけてください。

①配当は利益からするものであるから、損益計算書で利益が出なければ配当はできない

②上場株式の評価益が１億円あれば、評価・換算差額等のその他有価証券評価差額金が１億円増加するから、株主持分も１億円の増加となる

③従業員にストック・オプションを発行しても、純資産には影響を与えない

A

正解は以下のとおり。

①×　②×　③×

あら、驚いた。全部×なのね。配当は利益があるからするもので、利益がなければ配当してはいけないのではないの。

昔はそうだったけど、今は違うんだ。会社法制定前の旧商法時代には利益処分という概念があり、配当はその中で行われていた。あくまで“利益の配当”で、あなたが言うように、“当期未処分利益”という利益がなければ配当できなかった。そのため、過去の損失の累積である繰越欠損金が存在する限り、配当不能だった。しかし、06年５月の会社法制定以後、配当に関する法律の考え方が変わってね。配当は“利益の配当”ではなく、“剰余金の処分”の一つに位置づけが変更になったんだ。稼いだ利益がなくても会社に剰余金があれば、それを株主に配当として払い戻すことが可能になった。剰余金というのは、大雑把に言えば、株主資本のうち法律で定められた資本金や準備金を除いた部分。だから、

繰越利益剰余金が赤字でも資本金や資本準備金を取り崩し、その他の資本剰余金に振り替えれば、そこから配当できるのさ。

でも、資本金や資本準備金はもともと株主が払い込んだ払込資本なんでしょ。その他の資本剰余金に振り替えて株主が払い込んだものを元の株主に返しても、株主は自分のおカネを返してもらうだけで何の得にもならないでしょう？

法律の精神では、払込資本であれ会社が稼いだ留保利益であれ、どちらも株主のものに違いはないのだから、それを株主がどう処分しようと構わないというスタンスなんだ。だから、会社が配当する時は、その配当財源を確認してほしい。利益剰余金から配当していれば会社が稼いだ果実を配当していることになるし、資本剰余金から配当すれば身を削って配当していることになる。

②は株式の評価益が１億円あれば、株主持分も１億円増加するんじゃないの。

評価益が１億円あっても、全額が評価・換算差額等として株主持分にカウントされるわけではない。もし、この評価益が実現し売却益になれば、その分課税されるよね。だから評価益のままの場合でもその税金相当分は評価・換算差額等から除かれる。実効税率を40%とすれば１億円のうち4,000万円は税金相当分として繰延税金負債という負債になり、評価・換算差額等に入るのは6,000万円になる。逆に、評価損があれば、評価・換算差額等のマイナスになるが、今度は4,000万円は繰延税金資産として資産に計上され、評価・換算差額等のマイナスは6,000万円になるのさ。

③のストック・オプションは、付与しても権利行使されない限り、財務諸表には影響しないのではないのですか。

以前はそうだったが、会計基準が改正され、ストック・オプションを付与した時点で新株予約権が計上されるから、その分は純資産が増加することになる。ただ、この時点では資金は払い込んでいないから、株主資本には含まれない。行使した時点で株主資本に算入することになる。

# 3 株主持分比率で会社の安全性を判断

➡ 危ない会社は株主持分比率に注意しよう

最近は、上場会社の破綻も珍しくありません。会社が破綻すれば、株式はほとんどの場合、価値がなくなります。破綻リスクにも目配りしながら企業分析を行う必要があります。その際、有用な指標が株主持分比率（自己資本比率）です。

貸借対照表の左側は、会社の所有する資産を計上します。資産は売却することもできますし、また資産を使用して事業を行い収益を上げることもできますから、価値のあるものです。その資産価値をそのまま会社の価値と考えていいかというと、そういうわけにはいきません。なぜなら、会社がその資産を所有するために、他人（債権者）からおカネを借りていれば、それを引かなければならないからです。その他人から借りている部分が負債です。**したがって、資産から負債を控除すると他人に返さなくてもいい財産が残ることになります。それが純資産であり、純資産のうちの株主に帰属する分が株主持分になります。**

株主持分比率とは総資本（負債と純資産を合計したもの。貸借対照表の左右は一致するから総資産と同じ）に占める株主持分の割合をいい、次の算式により算出されます。

$$株主持分比率 = \frac{株主持分}{総資本（総資産）} \times 100$$

株主持分比率が低いということは、総資本に占める株主持分の割合が少なく、債権者に返済しなければならない負債の割合が多いということです。損益計算書の赤字は株主持分を減少させます。株主持分比率が低いまま、赤字が継続すると、株主持分がマイナスになってしまいます。

株主持分がマイナスになると、負債のほうが資産より大きい債務超過状態になります。債務超過になると資産を全部売却しても、負債の全額返済に資金が足りないということになります。そうすると、この会社に物を

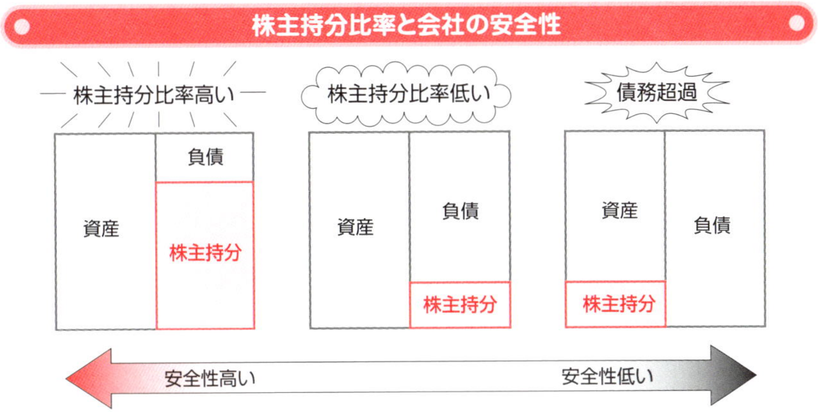


売ったりカネを貸したりする人がいなくなってしまいますから、事業の継続が難しくなるのです。債務超過は会社の危機です。したがって、会社は債務超過にならないように経営しなければなりません。株主持分比率が低いと債務超過になる可能性が高いということになり、この会社は危険な状態に近づいていると判断されます。

一方、株主持分比率が高いということは資産に比べて負債のほうがずっと小さいということですから、債務超過になる危険性が少ないと考えられます。赤字が連続しても株主持分にそれを吸収する力があれば、債務超過にならなくてすみます。株主持分比率が高ければ債権者は安心して取引することができますから、破綻の危険性が少ないと判断できます。

つまり、**株主持分比率が高いほど会社の存続可能性は高く、逆に低ければその存続可能性に疑念が生じると言うことができます。株主持分比率は会社の安全性（存続可能性）を判断する最も重要な指標とされています。**

業況が順調な時は、どれだけ利益を上げたかが大切であり、株主持分比率がいくらかなどということはあまり話題にされません。しかし、業況が悪化しその会社の先行きが不透明になってくると、株主持分比率が俄然注目を浴びるようになります。

実戦ドリル

# 3 負債のレバレッジ効果

## 負債は株主持分への投資効率を高める

Q

以下のような同じ資産規模（企業価値が同じ）のＡ社とＢ社があります。利益の増加によって株主持分がともに同じ50だけ増加した時、投資家に注目される会社はどちらでしょうか。

〈当初時点〉

（Ａ社：株主持分の割合が高い）

| 資産 | 負債・株主持分 |
|---|---|
| 資産　100（企業価値） | 負債　20 |
| | 株主持分　80 |

（Ｂ社：株主持分の割合が低い）

| 資産 | 負債・株主持分 |
|---|---|
| 資産　100（企業価値） | 負債　80 |
| | 株主持分　20 |

A

企業価値が増加した後の両社の貸借対照表は次のようになる。

〈当初時点より企業価値が50増加〉

（Ａ社）

| | |
|---|---|
| 資産　150（企業価値） | 負債　20 |
| | 株主持分　130 |
| （+50） | （+50） |

（Ｂ社）

| | |
|---|---|
| 資産　150（企業価値） | 負債　80 |
| | 株主持分　70 |
| （+50） | （+50） |

負債は他人に返済しなければならず、負債が大きすぎると倒産の危険性が高まるのだから、負債が少ないほどいい会社なんでしょ。Ａ社とＢ社では、Ａ社のほうが負債が少なく、株主持分の割合が高いから、Ａ社のほうがいい会社ということよね。つまり、私が株を買うとしたらＡ社を買えばいいということ。

**それがそうでもないというのが、この問題なのさ。確かに会社が倒産しやすいか、しにくいかということで会社の良し悪しを判断するとしたら、それはＡ社ということになる。しかし、違う角度から会社を見てみよう。それは株主にどれだけ多く還元できるかという視点だ。**

よくわからないけど、それはどういうこと？

Ａ社もＢ社も資産から計算される企業価値は100で変わらないよね。しかし、株主持分比率はＡ社80％、Ｂ社20％とＡ社のほうが高い。ここでＡ社、Ｂ社の株式を購入したとする。株主にとって重要なのは、その株価がどれだけ高くなるかだ。株価はマーケットで決まるが、その前提となるのは財務諸表の株主持分だ。つまり、株価の上昇を決めるのは、財務諸表で言えば株主持分の拡大度合いだということさ。

株主持分が大きくなれば、それをマーケットが評価して株価が上昇するというわけですね。

そのとおり。そこで、Ａ社もＢ社も企業価値は50増加したとする。そうすると、貸借対照表の資産はＡ社もＢ社も150で同じだね。株主にとって問題なのは、株主持分がどう変化したかだ。

この問題で言えば、株主持分は資産から負債を引いて算出できますね。すると、Ａ社は80から130に、Ｂ社は20から70に、ともに増加額は50で同じですね。

確かにＡ社もＢ社も増加額そのものは50で変わらない。しかし、問題は増加率さ。増加率は株主持分比率の高いＡ社は1.625倍（＝130÷80）、低いＢ社は3.5倍（＝70÷20）と、Ｂ社のほうが高くなるというわけさ。

ということは、Ｂ社のほうが株価の上昇率は高いことになるの。

そうなる公算が大きいね。債権者に支払うコストは稼ぎに関係なく一定だから、負債を大きくすれば株主持分の増加率を大きくできる。このことを負債のレバレッジ効果という。レバレッジとは“テコ”のことで、負債という“テコ”を使って株主財産を拡大させるというイメージだね。

へぇー。負債も使いようによっては株主のためになるということね。

そういうことだけど、それなりにリスクもあるということには気をつけてほしい。業況が悪くなれば、“テコ”の効果で株主持分は一気に傷つくからね。

# 4 株主が重視するROE

➡ ROEとROAはどう違うのか

投資家として一番注目すべき数字は利益、すなわち会社の収益力です。では、その会社の収益力は何で判断すればいいのでしょう。会社の最終的な収益結果は損益計算書の当期純利益です。問題は当期純利益の効率性を何で測るのかということです。別の言い方をすれば、分子は当期純利益で確定しますが、分母に何をとるかということです。分母に株主持分を持ってきたのがROEです。

ROEとはReturn On Equityの略で、株主持分利益率といいます。ROEは次の算式で計算されます。

$$ROE = \frac{当期純利益}{株主持分} \times 100$$

**株主は会社に株主持分（ここでは株主資本と同じだとします）という形で資金を提供していますから、株主としては、自分の提供した資金が、どれだけ効率よく運用されているかということが最も気になります。それを測る指標がROEです。**

株主資本はすでに説明したように、払込資本と内部留保の二つに分かれます。払込資本はもともと株主が払い込んだものですから当然株主のものです。内部留保は会社が稼いだものですが、株主に配当として分配しようと思えばできたものを、株主の意思で会社内に留めたにすぎません。したがって、最終的には内部留保も株主に帰属します。その結果、期末時点において株主が提供している資金は、払込資本と内部留保を含めた株主資本全体の金額になります。株主はこの自分が提供している資金を利用して会社がどれだけ利益を上げることができるかに注目します。

会社が稼いだ当期純利益は、配当として株主に分配されるか、そうでなければ社内に留保され、貸借対照表の株主資本の金額を増加させます。配当は株主が現実にキャッシュとして手に入れることになりますし、社内留

### 貸借対照表、損益計算書とROE、ROA

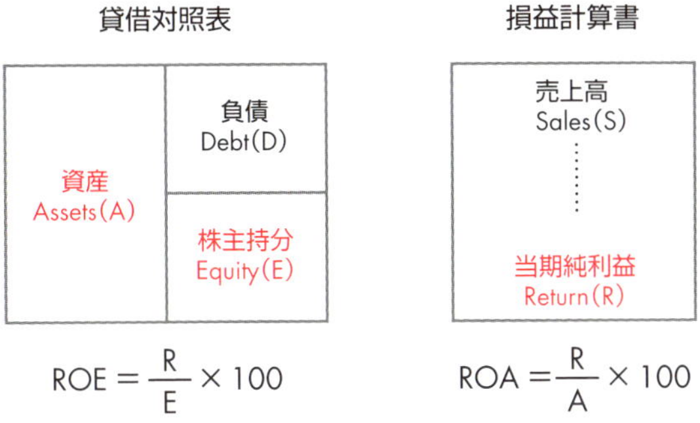


保した分は株主価値を増加させ論理的には株価に反映され、キャピタルゲインとなるはずです。ということは、**当期純利益は最終的にはどういう形にしろ、株主に還元されると考えられます。**だからこそ、投資家はこのROEに最も注目し、会社もこの指標の向上を大きな目標とするのです。

ROAはReturn On Assetsの略で日本語では総資産利益率といいます。ROAは次の算式で計算されます。

$$ROA = \frac{当期純利益}{総資産} \times 100$$

ROEは株主が投下した株主持分に対する利益率を見る指標であるのに対し、ROAは株主持分だけでなく他人資本（負債）を含めて、会社に投下された全部の総資本に対する利益率を判断する指標です。また、貸借対照表の資産の側から言えば、会社の所有する全資産が利益獲得に際し、どの程度効率的に活用できたかを見る指標になります。総資産の活用度から利益を見ることも有益です。

投資家という立場に限定すれば、ROEは非常に重要な指標です。しかし、企業の収益力を見るには、ROAのほうが適しています。**なぜなら、ROEは負債と株主資本の割合を変えると簡単に変わってしまいますが、ROAは資産が利益を生み出す力を変えない限り変動しないからです。したがって、企業トータルの収益力を見る点では、ROAが優れています。**

実戦ドリル

# 4 ROE と ROA と株主持分比率

## 重要指標を向上させるにはどうしたらいいか

Q

下記は A 社の貸借対照表と損益計算書です。ケース 1 ～ 3 の ROE と ROA と株主持分比率を計算してください（単位：億円）。

### ●ケース 1 ：前期末の状態

貸借対照表

| | |
|---|---|
| 資産（A）1,000 | 負債（D）600 |
| | 株主持分（E）400 |

損益計算書

| |
|---|
| 売上高（S） |
| ⋮ |
| 当期純利益（R）50 |

### ●ケース2：200億円の増資を行った

貸借対照表

| | |
|---|---|
| 資産（A）1,200 | 負債（D）600 |
| | 株主持分（E）600 |

損益計算書

| |
|---|
| 売上高（S） |
| ⋮ |
| 当期純利益（R）50 |

### ●ケース3：前期末の状態から資産を300億円分売却し、資産・負債を同額圧縮

貸借対照表

| | |
|---|---|
| 資産（A）700 | 負債（D）300 |
| | 株主持分（E）400 |

損益計算書

| |
|---|
| 売上高（S） |
| ⋮ |
| 当期純利益（R）50 |

A

正解は以下のとおり。

| | ROE（%） | ROA（%） | 株主持分比率（%） |
|---|---|---|---|
| ケース 1 | 50 ÷ 400 × 100 = 12.5 | 50 ÷ 1,000 × 100 = 5 | 400 ÷ 1,000 × 100 = 40 |
| ケース 2 | 50 ÷ 600 × 100 = 8.3 | 50 ÷ 1,200 × 100 = 4.2 | 600 ÷ 1,200 × 100 = 50 |
| ケース 3 | 50 ÷ 400 × 100 = 12.5 | 50 ÷ 700 × 100 = 7.1 | 400 ÷ 700 × 100 = 57.1 |

ROE、ROA、株主持分比率を高くすることが重要なわけね。

株主持分の効率性を示す ROE、企業全体の収益性を示す ROA、企業の安全性を測る株主持分比率。これらがどういう関係にあるか、確認してみよう。企業はこの三つの指標をできるだけ高くしていくように経営をしていかなければならない。当期純利益（R）は分子にしか出てこないから、R を高めることは言うまでもなく重要なことだね。R を高めれば、ROE も ROA も向上する。

それは当然だけど、R を高めることは簡単ではないですね。

そのとおり。そこで、今度は貸借対照表項目を見てみよう。ケース２では増資で株主持分 E を増加させた。E が増加すれば、当然、株主持分比率は上昇する。しかし、E の増加は株主が最も重視する ROE の分母を増やすから、ROE を引き下げることになる。ケース3では資産売却により資産・負債を圧縮した。ROE はケース１と変わらないが、ROA と株主持分比率は分母の縮小により向上するね。

株主持分が増加することは必ずしもプラスではないのね。

そうなんだ。株式市場では ROE はかなり重要視されるから、その意味では株主持分のいたずらな増加は考えものだということになるね。最近では、自己株買いで株主持分を圧縮する動きのほうが目立つ。

それに比べると、資産の圧縮は効果がありますね。

そうだね。今や、過大な資産は無用の長物だ。資産をできるだけ抑えながら収益を上げていくことが求められている。当然、収益に貢献する資産は保有しなければならないが、収益に貢献しない遊休資産は早く処分すべきだ。将来値上がりするかもしれないから土地を持つという考え方は、少なくとも上場企業では通用しないね。

# 5 キャッシュフロー計算書

➡ 利益だけでなく、キャッシュの出入りも把握する

これまで「利益が重要であり、利益こそが企業価値および株価の最大の決定要因だ」と述べてきました。

利益の増加は最終的には必ずキャッシュの増加につながります。ただ、この“最終的には”というのは“会社を解散する時には”ということです。普通の会社は解散を想定しておらず、半永久的に活動することを前提に財務諸表を作っています。ということは、会社が継続する限り利益とキャッシュは一致しません。そうした状況で利益だけに着目した経営を行っていると、キャッシュがおろそかになってしまいます。

しかし、**キャッシュは利益に負けず劣らず重要です。**いくら利益があっても配当はキャッシュがなければできません。設備投資するにもキャッシュが必要になります。また、倒産というのは債権者に返済ができない状態を言うのですが、利益がたくさんあってもキャッシュがなくなれば黒字倒産といったこともあり得ます。そこで、期中に本業でどのようにキャッシュを創出し、それを設備投資等にいくら使い、これらの過不足分を借入金などでどのように調整し、結果としていくらのキャッシュ残高になったかを開示するものとして、キャッシュフロー計算書の作成が義務づけられています。

キャッシュフロー計算書は大変重要な計算書であり、株式を公開している企業が作成する有価証券報告書に必ず添付しなければなりません。財務三表と言えば、貸借対照表、損益計算書、キャッシュフロー計算書の三つを指します。

この三表はそれぞれ別個に存在するわけではなく、相互に密接に関係しています。この三表の関係は貸借対照表を中心にして説明することができます。貸借対照表の最終目的は株主の財産がどれくらいあるかを表現することにあります。株主の財産は貸借対照表の右下の株主資本の部で表します。株主の財産である株主資本は、増資等がなければ、その年度の利益分

## 三つのキャッシュフローは何を表すか

〈例：7201 日産自動車〉

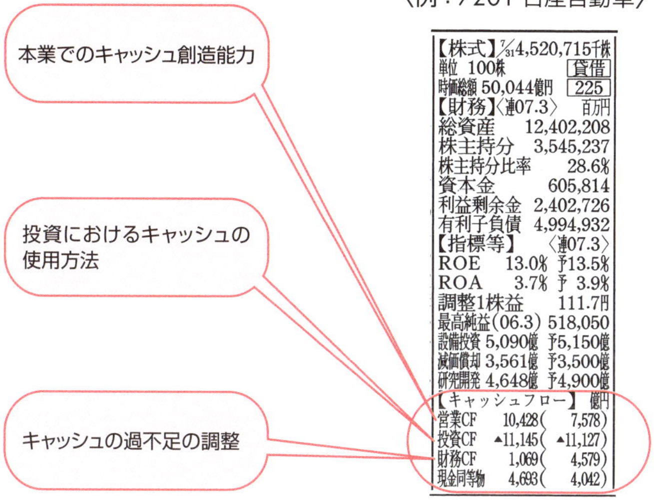


【株式】7/31 4,520,715千株
単位 100株 貸借
時価総額 50,044億円 225
【財務】〈連07.3〉 百万円
総資産 12,402,208
株主持分 3,545,237
株主持分比率 28.6%
資本金 605,814
利益剰余金 2,402,726
有利子負債 4,994,932
【指標等】 〈連07.3〉
ROE 13.0% 予13.5%
ROA 3.7% 予 3.9%
調整1株益 111.7円
最高純益(06.3) 518,050
設備投資 5,090億 予5,150億
減価償却 3,561億 予3,500億
研究開発 4,648億 予4,900億
【キャッシュフロー】 億円
営業CF 10,428( 7,578)
投資CF ▲11,145( ▲11,127)
財務CF 1,069( 4,579)
現金同等物 4,693( 4,042)

だけ増加します。その利益がどのように生まれたかを説明するのが損益計算書です。貸借対照表で次に注目すべきは左上の現金や預金など、すなわちキャッシュです。そのキャッシュがどのように増減したかを説明するのがキャッシュフロー計算書です。損益計算書とキャッシュフロー計算書は、貸借対照表の重要項目である株主資本とキャッシュの当期中の変動を説明するためのものです。

キャッシュフロー計算書は「営業活動によるキャッシュフロー」、「投資活動によるキャッシュフロー」、「財務活動によるキャッシュフロー」の三つに分けてキャッシュの増減を説明します。**「営業活動によるキャッシュフロー」で本業でどれだけキャッシュを生んだかを、「投資活動によるキャッシュフロー」でキャッシュを設備投資等にどのように使ったかを、「財務活動によるキャッシュフロー」でキャッシュの過不足を借入金等でどのように調整したかを示します。**キャッシュフロー計算書で会社のキャッシュの出入りを把握しておくことは重要です。

実戦ドリル

# 5 キャッシュフローを計算する

## 利益とキャッシュはどう違うか

Q

以下のキャッシュフローに関係する資料から、当期のキャッシュフロー計算書を作成してください（単位：100万円）。

**損益計算書事項**

・当期純利益　当期300　・減価償却費　当期100

**貸借対照表事項**

・現金預金残高　前期600　当期500
・売掛金残高　前期700　当期900
・工場の設備投資　当期700実施
・長期借入金　当期400借入

**当期のキャッシュフロー計算書**

| | | |
|---|---|---|
| Ⅰ営業活動によるキャッシュフロー<br>当期純利益<br>減価償却費<br>売上債権の増加 | | |
| Ⅱ投資活動によるキャッシュフロー<br>工場設備投資 | | |
| Ⅲ財務活動によるキャッシュフロー<br>長期借入金の収入 | | |
| Ⅳ現金及び現金同等物の増加額<br>Ⅶ現金及び現金同等物の期首残高<br>Ⅷ現金及び現金同等物の期末残高 | | |

A

正解は以下のとおり。

| | | |
|---|---|---|
| Ⅰ営業活動によるキャッシュフロー<br>当期純利益<br>減価償却費<br>売上債権の増加 | <br>300<br>100<br>▲200 | <br><br><br>200 |
| Ⅱ投資活動によるキャッシュフロー<br>工場設備投資 | <br>▲700 | <br>▲700 |
| Ⅲ財務活動によるキャッシュフロー<br>長期借入金の収入 | <br>400 | <br>400 |
| Ⅳ現金及び現金同等物の増加額<br>Ⅶ現金及び現金同等物の期首残高<br>Ⅷ現金及び現金同等物の期末残高 | | ▲100<br>600<br>500 |

営業活動によるキャッシュフローって当期純利益と微妙に違うのね。

そうなんだ。会計上の利益は発生主義により計上しているから、キャッシュフローとは一致しない。そこで、キャッシュフロー計算書は損益計算書の利益とキャッシュの相違を調整する形で作成される。当期純利益は３億円だが、この数字は減価償却費１億円が控除されている。減価償却費は会計上は費用だが、キャッシュは出て行かないので、キャッシュフローを計算する時には加算する。売掛金が前期に比べて２億円増加しているが、売掛金が増加したということは、売り上げは立ったがキャッシュは入ってきていないということだから、キャッシュフローとしては減算する。その結果、営業活動によるキャッシュフローは２億円になるというわけだ。

営業活動では２億円しかキャッシュを生まなかったのに、７億円も設備投資にキャッシュを使ったら、足りなくなってしまうじゃない。

営業活動によるキャッシュフローと投資活動によるキャッシュフローは必ずしも一致しない。当然過不足が生じる。この問題では営業活動によるキャッシュフローで２億円プラスになるのに対し、投資活動によるキャッシュフローで７億円使っているから、差引き５億円の不足が生じる。その不足を調整するのが財務活動によるキャッシュフローになる。５億円の不足分のうち４億円だけ長期借入金を借りたから、最終的には年間のキャッシュフローとしては１億円のマイナスとなる。その結果、現金及び現金同等物（キャッシュ）の残高は期初の６億円から５億円に減少する。

キャッシュフロー計算書を見ると、損益計算書ではわからないキャッシュの流れがよくわかりますね。

# 6 キャッシュフロー計算書のパターン

➡ プラスかマイナスかは企業の成長段階により変わる

ここでは、キャッシュフロー計算書に見られるプラス・マイナスのパターンを示し、それをどのように読み取ればいいかを説明します。

①「営業活動によるキャッシュフロー」

**営業活動によるキャッシュフローは、本業によるキャッシュフローの獲得状況を表しています。**ここでどれほどのキャッシュフローを獲得できたかが企業の真の実力と言えます。逆の言い方をすれば、ここでしか本当のキャッシュフローを生み出すことはできません。会社は利益を生むために組織されたものですから、損失を出すことは異常事態です。それと同様の意味で、営業活動によるキャッシュフローがプラスになるのは当然のことで、「ここがマイナスになるような会社はおかしい」と言ってよいのです。

②「投資活動によるキャッシュフロー」

**投資活動によるキャッシュフローは、キャッシュを投資にどのように使ったか、あるいは逆に投資からどのように回収したかを表現しています。**まず最初に、投資活動によるキャッシュフローがプラスかマイナスかに注目してください。ここは営業活動によるキャッシュフローと違い、プラスもマイナスも両方あり得ます。それは会社の経営方針によります。次に、投資の内容を見ます。キャッシュを投下する投資には、固定資産、有価証券、貸付金などがあります。投資活動によるキャッシュフローから、この会社が固定資産や有価証券にいくら投資したか、あるいは回収したかがわかります。キャッシュの使い方を見れば企業の方向性もわかります。

③「財務活動によるキャッシュフロー」

**営業活動や投資活動の結果、キャッシュフローの余剰や不足が発生します。それを最終的に調整するのが財務活動によるキャッシュフローです。**財務活動によるキャッシュフローには、有利子負債によるものと株主資本によるものの2種類があります。有利子負債により資金を調達すれば、株主持分比率は低下し財務体質は悪化します。しかし、同じ調達でも増資等

**三つのキャッシュフロー計算書に見られるパターン**

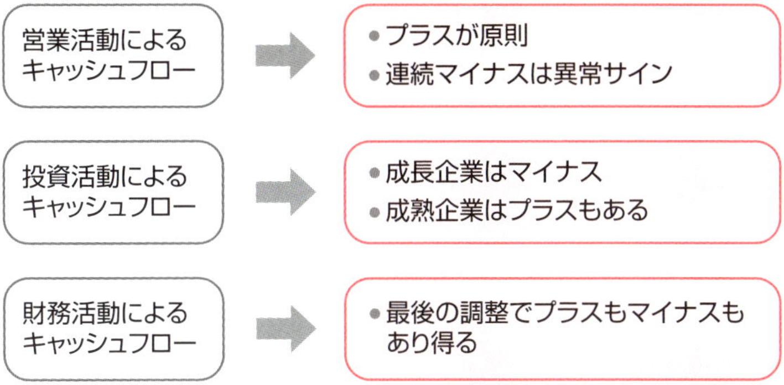


の株主資本により調達すれば、株主持分比率は上昇し財務体質は強化されます。

**投資家とすれば、①営業活動によるキャッシュフローで十分なキャッシュを生んでいるか、②投資活動によるキャッシュフローで投資戦略は正しいか、③財務活動によるキャッシュフローで余剰・不足資金の調整の仕方は正しいか、を判断しなければなりません。**

営業活動によるキャッシュフローはプラスになるのが当たり前です。ただ、時にマイナスになることもないわけではありません。売上高が急拡大して、売上債権が急増したとか、創業社長に巨額の退職金を支払ったといった場合には、マイナスになることもいたしかたありません。ただ、営業活動によるキャッシュフローが連続してマイナスというのは、どういう理由であれ注意が必要です。

営業活動のプラスと投資活動のマイナスの大小は、その企業が成長期にあるか、成熟期にあるかなど、企業の成長・発展の度合いによりますから、一概に営業活動のプラスのほうが大きくならなければいけないというものではありません。成長企業であれば、投資活動のマイナスが大きくなってもかまいません。その場合は財務活動のプラスで補います。会社の到達しているステージによって、キャッシュフローのパターンは変わってきます。

実戦ドリル

# 6 企業分析手法の活用

## それぞれの財務諸表から何を読み取るか

Q

①〜④の各事項を読み取るには、下に挙げた四つの財務諸表のうち、どれを分析すればよいのか選択してください。

財務諸表：損益計算書、貸借対照表、キャッシュフロー計算書、株主資本等変動計算書

①株主の持分である株主財産が期初から期末にかけて、どのように変動したのかと、配当について分析する

②キャッシュを稼ぐ力がどのくらいあるのか、キャッシュを何に使ったのか、キャッシュの過不足分の調整をどのように行ったのかを分析したい

③利益を生み出す力、収益力を分析したい

④株主財産がどれほどあるか、あるいは会社が業況不振に陥った時に、どのくらい耐久力があるのかを分析したい

A

正解は以下のとおり。

①は株主資本等変動計算書、②はキャッシュフロー計算書、③は損益計算書、④は貸借対照表。

ここで復習も兼ねて財務諸表をどのように活用したらいいのかを簡単に総括してください。

まず、株価に最も大きく影響するのは利益だったね。損益計算書ではその利益がどのように生まれてきたかを説明している。損益計算書で利益の結果とともにその内容を確認する。本業の利益が力強く成長していれば、今後も利益拡大が続くと予想できるね。あるいは、儲かっていてもその年だけの特別の理由によるのであれば、今後の利益計上には疑問符がつく。そうした利益の源泉を損益計算書から読み取り、今後の収益予想に役立てるのさ。

損益計算書は今後の収益予想の基礎になるわけね。それでは、貸借対照表は？

**貸借対照表は直近期末時点の財産の状態を表している。資産と負債の内容とその差額としての純資産残高だ。純資産のうちの株主持分（自己資本）が株主財産だ。株価は株主財産をマーケットが評価したものだから、その増減には十分注意してほしい。総資産に占める株主持分の比率である株主持分比率は会社の今後の事業継続性を測る重要な指標だよ。**

貸借対照表では株主財産である株主持分が重要というわけね。では、株主資本等変動計算書とは？

**純資産の増減要因を詳しく記述したものが株主資本等変動計算書さ。純資産が増加する最大の要因は損益計算書の当期純利益だ。しかし、当期純利益がそのまま純資産の増加になるわけではない。配当を払えばその分、純資産は減少するし、自己株式を購入しても減少する。また、増減資をしても純資産は変動する。そうした変動要因を説明したものが株主資本等変動計算書だ。**

では、キャッシュフロー計算書は？

**キャッシュは経営を遂行していくうえで、非常に大切なものだね。損益計算書ではキャッシュの推移はわからないから、損益計算書の利益を調整しながら期中のキャッシュフローの動きを説明したのがキャッシュフロー計算書だ。キャッシュフロー計算書では、本業でキャッシュを生む力がどれくらいあり、キャッシュを何に使い、過不足をどのように調整したかを検証することになる。**

財務諸表はそれぞれ単独で見ることも重要ですが、相互の関連性もよく見なければいけないのではないですか。

**いいこと言うね。ROE や ROA などのように損益計算書と貸借対照表を関連させたり、キャッシュフローや有利子負債を関連させたりして分析することが重要だ。それぞれの計算書単独だけでなく財務諸表を相互に関連づけて観察することで、会社の財務内容がさらによく理解できるようになるからね。**

# 第3章

# 外国人やプロも大注目——『四季報』の最強活用術

# 1 見出しが示す業績の行方

➡ 独特の用語を理解して銘柄選択に活用しよう

『四季報』には全部で9行からなる記事欄があります。会社の業績予想数字とともに、『四季報』の生命線ともいうべき欄です。記者が会社に取材したり、業績数値や業界、経済環境を分析したうえで、業績予想数字とともに、毎号見直して書き換えています。

その記事欄は前半部分の「業績」欄と後半部分の「材料」欄から構成されています。それぞれの文章の頭には【　】で挟まれた「見出し」が付けられています。どちらの見出しも、その欄の内容を簡潔に表現したものですが、業績欄の見出しと材料欄のそれとでは性格が少し異なっています。

後半部分の材料欄にはその会社の経営戦略や方向性、中長期的な課題などが書かれています。材料欄の見出しは、いくつかの材料の中で特に強調したい事柄について付けられています。たとえば、【海外】【中国】であったり、【中期計画】【新規事業】【新製品】、【株主】【投資】【強化】などさまざまです。07年秋号の『四季報』には【たい焼き】といったものまであります。内容は「子会社を通じてたい焼き店をチェーン展開」するというものでした。このように、材料欄の見出しは特に法則がありません。

その点、**業績欄の見出しは今後1年くらいの期間の業績動向について書いた記事の要点をズバリ1語で表したものなのです。そのため、業績欄の見出しは、右ページの表にまとめたように、一定のルールに基づいてつけられています。**

**業績記事と見出しには、①前期業績との比較、②前号四季報予想との比較、③業績水準、の三つの視点があります。**この表ではこの三つの視点から用語・見出しを分類しており、表の右に行くほどプラスイメージであることを示しています。このうち、記者が何を強調したいかで使われる用語が違ってきます。

表の最上段の、**前期業績との比較**では【大幅増益】【急伸】などが今期営業利益で前期比大幅増益になることを表しています。【好調】【回復】

## 代表的な四季報用語

| イメージ | 前期との比較 | 前号との比較 | 利益水準 |
|---|---|---|---|
| プラスイメージ | 【最高益】 | | |
| プラスイメージ | 【更新】 | 【大幅増額】 | |
| プラスイメージ | 【飛躍】 | | |
| プラスイメージ | 【大幅増益】 | 【増額】 | |
| プラスイメージ | 【急伸】 | 【上方修正】 | 【高原】 |
| プラスイメージ | 【続伸】 | | |
| プラスイメージ | 【増益】 | | 【高水準】 |
| プラスイメージ | 【好調】 | 【増益幅拡大】 | |
| プラスイメージ | 【増勢】 | | |
| 中立的 | 【堅調】 | | |
| 中立的 | 【強含み】 | 【上振れ】 | |
| 中立的 | 【微増益】 | 【一転増益】 | |
| 中立的 | 【回復】 | | 【回復途上】 |
| 中立的 | 【鈍化】 | | |
| 中立的 | 【横ばい】 | 【増益幅縮小】 | |
| 中立的 | 【底入れ】 | | |
| 中立的 | 【底打ち】 | 【減益幅縮小】 | |
| 中立的 | 【弱含み】 | 【下振れ】 | 【低迷】 |
| 中立的 | 【微減益】 | 【一転減益】 | 【停滞】 |
| マイナスイメージ | 【減益】 | 【減益幅拡大】 | |
| マイナスイメージ | 【後退】 | | |
| マイナスイメージ | 【反落】 | | 【低水準】 |
| マイナスイメージ | 【下降】 | | |
| マイナスイメージ | 【大幅減益】 | 【減額】 | |
| マイナスイメージ | 【急落】 | 【下方修正】 | |
| マイナスイメージ | 【続落】 | 【大幅減額】 | 【底ばい】 |

【強含み】なども前期比増益方向を表しています。逆に、【後退】【反落】【大幅減益】は前期比較で営業利益が減少予想であることを表します。

**前号の『四季報』との業績予想比較**では、【増額】【上方修正】【上振れ】【減益幅縮小】などが、業績予想数字の前号比プラス方向への変化を表しています。逆に、【減額】【下振れ】【増益幅縮小】などはマイナス方向への変化を示します。

三つ目は**業績水準を示す見出し**です。前期比較で利益の伸びや減少はさほどないのですが、利益水準が高い状態を維持している場合は【高原】【天井】などが使われ、反対は【低水準】【底ばい】などが使われます。

**『四季報』の記事は限られた文字数で会社の業績や経営動向を簡潔に言い表す必要がありますので、重複や冗長な表現を排した独特の用語、言い回しが多用されます。**特に業績欄にその傾向が強く、文体も「てにをは」などの助詞を省略し、「体言止め」も多く使用されています。

一見難解な印象を与えかねない四季報用語ですが、一種の「決まり文句」だけに言葉としてのあいまいさや多義性が排除されていますので、業績動向のような数字を扱う場合には適しているのです。

**中でも業績欄の見出しを読解するコツを知ると、見出しだけでパッとその会社の業績動向が把握でき、投資材料のヒントを得ることができます。**

『四季報』によく使われる用語の意味を把握し、その見出しをうまく活用して、効率的な銘柄選択をしている読者も多いようです。

実戦ドリル

# 1 四季報用語のオモシロ表現

「増益」「増額」は厳密に区別、「底ばい」は『四季報』が生みの親

Q

『四季報』の記事・見出しにはⓐ、ⓑ、ⓒ三つの視点があります。①～⑥のそれぞれの四季報用語は、ⓐ、ⓑ、ⓒのどの視点から使われるものでしょうか。

①一転増益
②水面下
③底打ち
④減益幅縮小
⑤伸長

ⓐ前期業績との比較
ⓑ四季報前号との比較
ⓒ業績水準を示す

A

正解は次のとおり。ⓐ前期業績との比較で使われるのは③底打ちと⑤伸長。ⓑ前号の『四季報』との比較で使われるのは①一転増益と④減益幅縮小。ⓒ業績水準を示す用語は②水面下。

前のページの「代表的な四季報用語」の例もそうだけど、すんなり理解できる用語もあれば、クセのありそうな用語もあるわね。

そうだね。【増益】とか【減益】はそのままだし、【増額】や【最高益】【低水準】なんかも別にわかりにくい言葉ではないよね。ただ、『四季報』では【増益】と【増額】は厳密に区別されている。【増益】は前期より利益が増えるという意味で、【増額】は前号『四季報』の利益予想より今号の利益予想が増えた時しか使わないんだ。だから、前期比で【減益】でも、前号比で【増額】の場合もある。前号では大幅減益だったのが、今号では小幅減益になったような場合だね。

ふーん。じゃ、**【一転増益】**っていうのは何？ 「増益」だけど、

「前号との比較」に入るの？

いい質問だね。これは前号比表現である「増額」の一種だよ。前号では「減益」予想だったものが、今号では「一転」して「増益」予想に「増額」した場合に使う「サプライズ（驚き）」の感情を含んだ、強調された表現なんだ。この反対が【一転減益】で、経済状況など経営環境が変化したときに現れたりする用語だから、08年新春号の『四季報』ではけっこう見かけたよね。

**【水面下】**とか、**【高原】【底打ち】**になると、何となく感覚でわかるような気がするけど、それでいいのかな。

『四季報』を書いている記者も【増益】【減額】【横ばい】ばかりじゃ、機械的で面白くないんだろうね。それに大昔は『四季報』ももっと大らかで散文的だったから、比喩的な表現も残っているんだよね。

**【踊り場】**とか、**【端境期】【浮上】**なんていうのも、時々見かけますよね。それから、以前聞いた話では**【底ばい】**という言葉は『四季報』が最初に使ったそうですね。

よく知っているね。その他の見出しについて説明しておこうか。【好調】【堅調】【順調】は【増益】方向で、そのままの意味だよね。【底打ち】【底入れ】は景気の表現と同じだけど、前期までの【減益】から、今期は【増益】に向かう時に使われるんだよ。「水面」というのは「収支均衡」状態の比喩で、【水面下】は【赤字】、【浮上】は【黒字化】の意味になる。【高原】は前期比で業績は横ばいか、弱含みなんだけど、利益水準は高い状態にあるということ、【端境期】は主力製品の交代期などで一時的に減益に陥るが、近い時期に増益に戻る見通しがあるとき、【踊り場】は増益基調が続く中で、一時的に階段の踊り場のように、業績が横ばいに止まるときに使われるんだ。【底ばい】というのは、業績が「底」の水準で横ばっているのを縮めて「底＋（横）ばい」と表現したんで、それが一般的にも使われるようになったんだが、いかにも「短縮」を旨とする『四季報』らしい用語だね。

# 2 【増額】見出しは株価に効く

➡【増額】【上振れ】など前号対比でプラスの表現を探そう

株価は業績（予想）の変化に敏感に反応します。その変化をいち早く予見し、先回りするところにこそ、株式投資の醍醐味があります。四季報用語にもそうした業績予想の「変化」を表す言葉がいくつかあります。

**株価は業績だけで決まるものではありませんが、市場予想よりも業績がプラス方向に変化するときは、株価が上昇しやすいものです。ですから、見出しの中でまず注目すべき用語は【増額】です。**増額とは、今号『四季報』の営業利益予想を前号より引き上げているという意味です。その上げ幅の多寡を強調する場合は【大幅増額】【小幅増額】などが使われます。【上振れ】という表現も【増額】と同じ意味で用いられます。『四季報』も雑誌ですから、時代とともに表現が変化したり、【増額】ばかりでは堅苦しくて画一的な印象が強くなりますので、類似の表現が使われる場合もあるわけです。

【増額】は『四季報』前号比較の表現ですから、今号の利益予想が前期比で増益か減益かは問いません。その部分を明示するために、よく使われるのが、【増益幅拡大】と【減益幅縮小】です。どちらも【増額】ですが、前者は増益の勢いが強まったことを意味し、後者は利益の落ち込み幅が縮まり、業績動向の変化を予想させます。【一転増益】はもっと強い表現で、前号までの減益予想が今号では増益予想に変わったことを、驚きや想定外のニュアンスを込めて表したものです。

『四季報』の業績予想は記者の独自予想であることを最大の特長としています。会社の業績予想が取材や分析の結果、合理的でないと判断すれば、記者が独自に業績予想を変えます。このため、**会社が業績予想を上方修正しない場合でも、『四季報』が独自に予想を【増額】することが起こります。**その際は、「会社営業益○○億円は過小」「会社営業益○○億円に上振れ余地」などと表記して、『四季報』の独自予想であることをできるだけ明示しています。こうした場合は、将来、会社の業績予想が上方修正される可

## 「増額」予想で先取る

（出所）『会社四季報』07年夏号

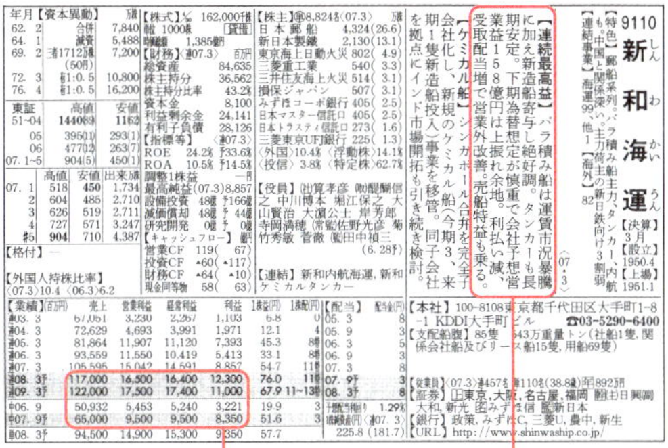

9110 新和海運（しんわかいうん）

【特色】郵船系列。バラ積み船主力、タンカー、内航も。中国と関係深い。主力荷主の新日鉄向け3割弱
【連結事業】海運99、他1【海外】82
【決算】3月【設立】1950.4【上場】1951.1

【連続最高益】バラ積み船は運賃市況暴騰に加え新造船寄与し絶好調。タンカーも長期安定。下期為替想定が慎重で会社予想営業益158億円は上振れ余地。利払い減、受取配当増で営業外改善。売船特益も乗る。
【ケミカル船】シンガポール合弁を完全子会社化し、新規のケミカル船（今期3、来期1隻新造船投入）事業を移管。同子会社を拠点にインド市場開拓も引き続き検討。〈07・3〉

| 年月 | 【資本異動】 | 万株 |
|---|---|---|
| 62. 2 | 合併 | 7,840 |
| 64. 1 | 減資 | 5,488 |
| 69. 2 | 三者1712万株（50円） | 7,200 |
| 72. 3 | 有1:0.5 | 10,800 |
| 76. 4 | 有1:0.5 | 16,200 |

| 東証 | 高値 | 安値 |
|---|---|---|
| 51~04 | 1440(89) | 11(62) |
| 05 | 395(11) | 293(1) |
| 06 | 477(02) | 263(7) |
| 07.1~5 | 904(5) | 450(1) |

| | 高値 | 安値 | 出来万株 |
|---|---|---|---|
| 07. 1 | 518 | 450 | 1,734 |
| 2 | 604 | 485 | 2,710 |
| 3 | 626 | 519 | 2,711 |
| 4 | 727 | 571 | 3,247 |
| #5 | 904 | 710 | 4,387 |

【格付】―
【外国人持株比率】〈07.3〉10.4〈06.3〉6.2

【株式】% 162,000千株
単位 1000株 貸借
時価総額 1,385億円
【財務】〈連07.3〉 百万円
総資産 84,635
株主持分 36,562
株主持分比率 43.2%
資本金 8,100
利益剰余金 24,141
有利子負債 28,126
【指標等】〈連07.3〉
ROE 24.2% 予33.6%
ROA 10.5% 予14.5%
調整1株益 ―円
最高純益(07.3) 8,857
設備投資 48億 予166億
減価償却 48億 予 44億
研究開発 0億 予 0億
【キャッシュフロー】億円
営業CF 119（67）
投資CF ▲60（▲117）
財務CF ▲64（▲10）
現金同等物 58（63）

【株主】単8,824名〈07.3〉 万株
日本郵船 4,324(26.6)
新日本製鐵 2,130(13.1)
東京海上日動火災 802(4.9)
三菱重工業 540(3.3)
三井住友海上火災 514(3.1)
損保ジャパン 507(3.1)
みずほコーポ銀行 405(2.5)
日本マスター信託口 405(2.5)
日本トラスティ信託口 273(1.6)
三菱東京UFJ銀行 225(1.3)
〈外国〉10.4%〈浮動株〉14.1%
〈投信〉3.8%〈特定株〉62.7%
【役員】(社)箕孝彦 (取)醍醐信之 中川博本 堀江保之 大山賢治 大瀬公士 岸芳郎 寺岡満穂 (常監)佐野光彦 菊竹秀敏 菅徹 (監)田中禎三（6.28予）
【連結】新和内航海運，新和ケミカルタンカー

| 【業績】(百万円) | 売上 | 営業利益 | 経常利益 | 利益 | 1株益(円) | 1株配(円) |
|---|---|---|---|---|---|---|
| 連03. 3 | 67,051 | 3,230 | 2,267 | 1,103 | 6.8 | 0 |
| 連04. 3 | 72,629 | 4,693 | 3,991 | 1,971 | 12.1 | 4 |
| 連05. 3 | 81,864 | 11,907 | 11,120 | 7,393 | 45.3 | 8特 |
| 連06. 3 | 93,559 | 11,550 | 10,419 | 5,413 | 33.1 | 8特 |
| 連07. 3 | 105,595 | 15,042 | 14,591 | 8,857 | 54.7 | 11特 |
| 連08. 3予 | 117,000 | 16,500 | 16,400 | 12,300 | 76.0 | 11特 |
| 連09. 3予 | 122,000 | 17,500 | 17,400 | 11,000 | 67.9 | 11~13特 |
| 中06. 9 | 50,932 | 5,453 | 5,240 | 3,221 | 19.9 | 3 |
| 中07. 9予 | 65,000 | 9,500 | 9,500 | 8,350 | 51.6 | 3 |
| 単08. 3予 | 94,500 | 14,900 | 15,300 | 9,350 | 57.7 | |

| 【配当】 | 配当金(円) |
|---|---|
| 05. 3 | 8 |
| 05. 9 | 3 |
| 06. 3 | 5 |
| 06. 9 | 3 |
| 07. 3 | 8 |
| 07. 9予 | 3 |
| 08. 3予 | 8 |

予想配当利回り 1.29%
1株純資産(円)〈連07. 3〉225.8（181.7）

【本社】100-8108東京都千代田区大手町1-8-1 KDDI大手町ビル ☎03-5290-6400
【支配船腹】85隻 543万重量トン（社船1隻，関係会社船及びリース船15隻，用船69隻）
【従業員】〈07.3〉連457名 単110名（38.8歳）年892万円
【証券】上東京，大阪，名古屋，福岡 幹(主)日興，大和，新光 名みずほ信 監新日本
【銀行】政策，みずほC，三菱U，農中，新生
【URL】http://www.shinwaship.co.jp/

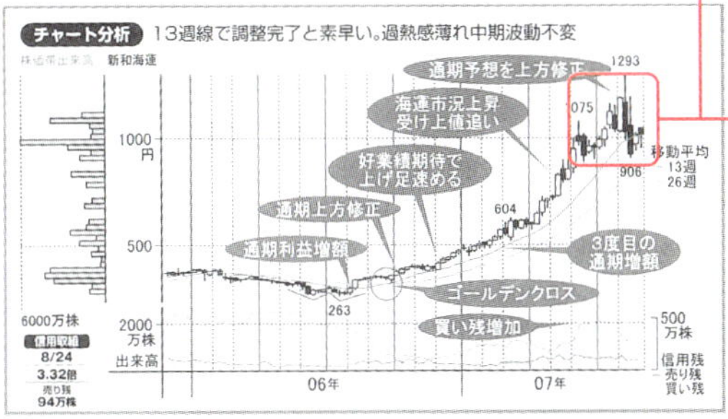


（出所）『会社四季報プロ500』07年秋号241ページの新和海運

能性がありますので、予想の「変化」を先取りできることもあります。

実際の例を見てみましょう。近年、中国、インドなど新興国の経済好調で世界的に荷動きが活発になり、運賃市況が上昇していることから、海運会社の業績は好調が見込まれました。それでも会社が慎重で業績予想が控え目と判断されるケースでは、『四季報』の独自予想の出番となります。図の例は、07年夏号の『四季報』で新和海運の業績を独自に会社予想よりも強気に予想したケースですが、株価もその後上昇したことを示しています。

『四季報』の巻頭には「増額修正ランキング」があり、営業利益で前号比30%以上増額した会社をまとめて一覧表にしてあります。これを参考に各社の記事を読み込んでいけば、効率的な銘柄選びができるでしょう。

実戦ドリル

# 2 「減額」銘柄は避けるのが無難

さまざまなネガティブ表現も覚えておこう

Q

次のさまざまな四季報用語のうち、前号比較で業績予想がマイナス方向に変化した場合を表しているのはどれでしょうか。

①【減益幅縮小】　②【増益幅縮小】　③【均衡圏】

④【減額】　⑤【後退】　⑥【低水準】

A

正解は②【増益幅縮小】と、④【減額】の二つです。①の【減益幅縮小】は前号比較でプラス方向に変化した増額、③の【均衡圏】は利益がゼロ近辺であることを意味し、⑤【後退】は前期比で減益、⑥【低水準】は黒字だが利益が少ないことを意味しているんだよ。

業績予想がマイナス方向に変化すると、株価が鋭く反応することがある。だから『四季報』を読む際には、マイナス方向への変化を示す用語にも注意が必要なんだ。

業績が悪化しそうな株には手を出さないほうがいいというのはわかるけど、ほかにはどんな用語があるの。

【減額】と同じ意味で使われる用語には、【下方修正】や【下振れ】があるよ。これらの用語は、会社が業績下方修正を発表したことを受けて『四季報』も減額した場合と、『四季報』記者が独自に減額した場合の両方で使われている。

では、記者が独自に減額した銘柄を見分けるにはどうすればいいのかしら。

それを見分けるには、業績欄をよく読むしか方法はないんだ。業績欄に、「会社営業益○○億円は過大」「会社営業益○○億円は要努力」などという表現があれば、記者が独自に営業利益予想を減額しているという意味なんだ。ただ、見出しに【未達懸念】【過大感】とあるような場合は注目だ。会社はまだ予想を変更していないけれども、『四季報』が会社計画の達成に対して注意信号を出している時に、こういった見出しが使われることが多い。『四季報』が予想していたとおり、後日、会社が計画を下方修正してくると、株価はその発表をきっかけに下落することも多いので、気をつけたほうがいいね。

業績欄に【独自減額】【独自下方修正】という見出しを作ってくれればいいのに。

四季報編集部の人に話しておくよ（笑）。今期営業利益予想が前号比で減額されたかどうかは、『四季報』誌面の欄外にある業績予想修正記号という矢印を見ればわかるよ。下向きの⬇は5%以上30%未満の減額、下向きの⬇⬇は30%以上減額されていることを示している。

【反落】【急落】なんていう用語も、状況が大きく変わったぞ、という感じがよくわかる表現よね。

そうだね。でも、【反落】【急落】はネガティブな表現ではあるけど、前期比較で【減益】を表す用語であって、前号比較で【減額】を示す言葉ではないんだよ。

【一転減益】は前号比較で減額する表現よね。では、【赤字転落】はどうなのかしら。

【赤字転落】は前期比較で使う場合もあるし、前号比較で使う場合もある。鋭い指摘だな。『四季報』欄外の業績予想修正記号が減額になっているかどうかと、業績記事をよく読むことで見分けることができるよ。

# 3 業績予想修正記号で銘柄を絞る

➡「業績予想修正記号」を見れば、業績の方向性が一目瞭然

業績変化を先取りすることは株式投資において大変重要です。業績予想が増額修正されると株価が上昇し、減額されると下落しやすくなるからです。会社側が修正を発表する前から株価が動くこともあります。

**『四季報』を使い慣れた投資家の中には、「業績予想修正記号」のチェックから始めるという人もいます。「業績予想修正記号」とは、偶数ページでは社名の右、奇数ページでは株価欄の左に表示している「矢印」です。「⬆⬆大幅増額」の銘柄をピックアップし、それらの銘柄を中心に業績数字や解説記事をじっくり読み、銘柄選びを進めるというやり方です。**

『四季報』は、四半期ごとに全上場企業の2期の業績予想を見直しています。経済環境、国際的な市況や為替変動、顧客ニーズの変化、ライバルとの競合などさまざまな要因で、企業の事業計画や業績見通しは常に変化します。会社側が業績予想の修正を発表した場合だけでなく、担当記者が取材に基づき、「会社側の予想は慎重すぎる、いずれ上方修正は必至」と判断すれば、『四季報』では独自に予想数字を見直します。

投資家には、どの企業の業績予想が変化したのかが重要です。これを一目でわかるように表示しているのが、「業績予想修正記号」です。具体的には、**今期の営業利益予想が、前号と今号の比較で何%変化したかを⬆で示しています。変化率が30%以上の増額は「⬆⬆大幅増額」、5%以上30%未満の増額または損益がゼロから黒字になった場合は「⬆増額」、5%未満の増減額は「➡前号並み」、5%以上の減額または損益ゼロから赤字は「⬇減額」、30%以上の減額は「⬇⬇大幅減額」で表示します。**営業利益予想がない銀行、証券などは経常利益予想で算出しています。

個々の銘柄記事を読む前に、「業績予想修正記号」で銘柄をピックアップしておけば効率的です。『四季報』巻頭企画「増額修正ランキング」も参考になります。ただ、営業利益の絶対額が小さい場合には、変化率が大きく出やすいので、予想数字と解説記事のチェックは必要です。

## 前号よりも予想が増額修正された銘柄に注目

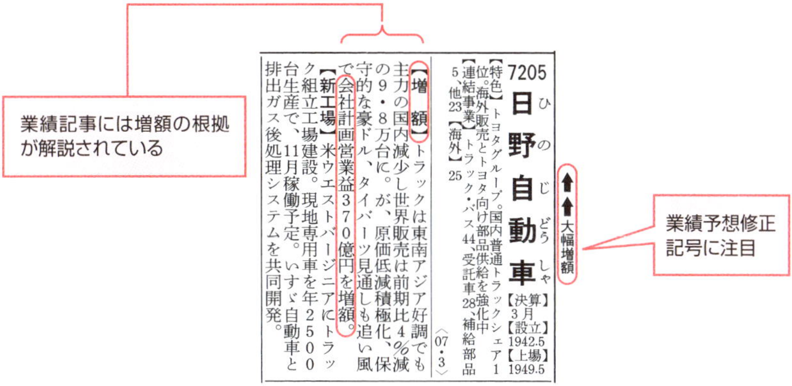


● 営業利益予想修正率

$$=\frac{\text{今号の今期予想営業利益}-\text{前号の今期予想営業利益}}{\text{前号の今期予想営業利益}}\times 100$$

● 日野自動車の今期予想営業利益は今号が43,500（百万円）、前号は33,000（百万円）だったので、

$$\frac{43{,}500-33{,}000}{33{,}000}\times 100=31.8\%$$

31.8%増額

↓

↑↑（大幅増額）という記号になる

図の日野自動車の場合は、前号と比較して今期営業利益予想が31.8%の増額ですから、「↑↑大幅増額」となります。前号の『四季報』では営業益を330億円としていました。ところが、その後、為替などが変動したこともあり、独自に435億円に増額したわけです。

株式投資で妙味があるのは、会社側が増額を発表する前に、それを先取りする方法です。『四季報』では、独自に数字を増額したら、原則的に「会社営業益○○億円を増額」「会社営業益○○億円は過小」「会社営業益○○億円は保守的」「会社営業益○○億円は上振れ余地」などと表現しています。

実戦ドリル

# 3 業績予想修正記号と営業利益

## 営業利益の方向性を修正記号で見極める

**Q**

表はA社とB社の『四季報』07年夏号と秋号に掲載された利益予想です。業績予想修正記号は、それぞれどうなるでしょうか。

（単位：100万円）

| | 営業利益 | | 当期利益 | |
|---|---|---|---|---|
| | 四季報07年夏号 | 四季報07年秋号 | 四季報07年夏号 | 四季報07年秋号 |
| A社 | 15,000 | 15,500 | 9,000 | 13,000 |
| B社 | 5,000 | 7,000 | 3,000 | 4,000 |

**A**

正解はA社が➡（前号並み）、B社が⬆⬆（大幅増額）。業績予想修正記号は、今期の営業利益予想が前号と今号の比較で何%変化したかを示すものだね。A社は前号の150億円から今号は155億円へと3.3%の増額、B社は50億円から70億円へと40%の増額となる。A社は5%未満の増額だから➡（前号並み）、B社は30%以上の増額なので、⬆⬆（大幅増額）となるわけだ。

それはわかるけど、何で営業利益で比較するのかしら？　どうして経常利益や当期利益ではないの。

それは、営業利益が本業での「稼ぐ力」や儲け具合を最も端的に表すからさ。投資判断をする際、業績の動向を分析することが重要で、それには営業利益を見るのが一番いい。前号と今号を比較して、営業利益が増額となっていれば、本業がいい方向に向かっていることになる。しかも、増額率が高いほうが、その傾向は強いと言える。減額なら、逆というわけだ。

でも当期利益だって重要なんでしょ。

もちろん。ただ、本業の動向を知るには、当期利益より営業利益のほうが適切だということだよ。

何となくわかるけど、具体的には、営業利益と当期利益はどこがどう違うのでしたっけ？

売上高から原材料費などの原価、販売管理費といったコストを差し引いたのが営業利益だ。本業の儲けを示す利益と言い換えてもいい。営業利益に利息・配当金収入、支払利息などの営業外収支を差し引きしたものが経常利益だ。さらに、有価証券や土地を売却した場合に発生する特別利益や特別損失、税負担などを足したり引いたりしたものが当期利益だね。特に、有価証券や土地の売却益・売却損などの特別損益は、一時的な意味合いが強く、本業の「稼ぐ力」とはあまり関係ないことになる。

じゃあ、株価へのインパクトは営業利益と当期利益とどちらが大きいのかしら。

一口には答えられない質問だね。ただ、株価は企業の成長力を織り込んでいくので、土地を売ったために特別利益が出て当期利益が大幅に増えてもあまり評価されない。たとえば、問題のＡ社のケースでは、営業利益の増額率は3.3%にすぎないが、当期利益は90億円から130億円へ44%も増額されているね。その理由を想像すると、土地の売却特益のような一時的な利益があったという可能性が考えられる。これに対して、Ｂ社の場合は、営業利益が40%増額、当期利益が33%増額、だから、本業の段階から収益構造が改善されていることがわかる。中長期で見ると、本業の利益が改善した企業のほうが成長することが多いので、株価へのインパクトは強くなるだろうね。

でも、会社側が増額修正を発表しても、株価があまり上がらないケースもあると思うんだけど。

それは重要なことで、すでに株価が増額期待を織り込んでしまっていたのかもしれない。だから、増額銘柄を探す場合、『四季報』をよく見て、まだ会社側が発表していない先行き増額の可能性が高い銘柄をいち早く選ぶと、投資妙味が大きくなるよ。

# 4 会社の利益計画にはクセがある

➡ 下方（上方）修正は繰り返される傾向も

株式を公開している会社の多くは、決算短信で前期の決算を発表すると同時に、走り始めている今期の通期と中間期の売上高、経常利益、当期純利益についての見通しを公表します（08年3月期以降の決算期については、本業の稼ぎである営業利益の見通しも開示するようになっています）。株式市況によって業績が大きく変動してしまう証券会社や新興企業の中には業績見通しを開示していない例もありますが、上場会社のほとんどが開示している業績見通しは、株式投資をするうえで欠かせない分析ポイントです。決算発表時に投資家が注目するのは、過去の結果である前期の決算数値というよりも業績見通しです。

ただ注意すべき点が一つあります。**この業績予想はあくまで会社側が一方的に提示しているにすぎないということです。ですから提示される数値を鵜呑みにしてしまうのは危険です。**

決算短信に業績見通しの根拠が十分説明されていれば予想数字の合理性をチェックすることもできるでしょう。が、実績の決算の説明がセグメント（事業分野）別や国別など比較的詳細になされることが多いのに対して、業績見通しの説明はほんの数行にとどまっている会社が大半です。中には自社の事業内容とは直接リンクしないマクロ経済環境を書き連ねたうえで、「このような環境を踏まえ、次期は売上高×××億円……を予想しています」などと、数値のみを提示するケースもあります。

それでも会社の予想が当たればいいのですが、経済は生き物なので期中に景況、原材料価格、為替などの前提条件が変わってしまうとなかなか予想通りにはいきません。それだけでなく、会社によっては最も現実的な社内の予想をあえて業績見通しとして発表しない場合もあるので厄介です。たとえば、**数年間続く赤字から脱却したいと考えている会社や、営業部門が大きな力を持っている会社などは、現実的な予想よりも高い予想を発表する可能性があります。「予想」というよりも「目標」です。**達成目標を

## 業績予想修正は繰り返されることが多い

減額の例：各年3月期の業績見通しについて、期初から翌年5月の決算発表までの間に何度も減額修正が発表されている。（単位：億円）

| | 売上高 | 営業利益 | 経常利益 | 当期利益 |
|---|---|---|---|---|
| **（2005年3月期）** | | | | |
| 2004年5月21日 | 5,000 | ‥ | 100 | 70 |
| 10月29日 | 4,100 | ‥ | ▲360 | ▲320 |
| 2005年2月4日 | 3,500 | ‥ | ▲650 | ▲800 |
| 5月6日 | 3,570 | ‥ | ▲830 | ▲930 |
| **（2006年3月期）** | | | | |
| 2005年5月20日 | 4,600 | ‥ | 65 | 50 |
| 10月28日 | 4,300 | ‥ | ▲420 | ▲470 |
| 2006年2月3日 | 3,600 | ‥ | ▲600 | ▲650 |
| 5月2日 | 3,620 | ‥ | ▲900 | ▲1,060 |
| **（2007年3月期）** | | | | |
| 2006年5月19日 | 4,600 | ‥ | 60 | 50 |
| 11月2日 | 4,000 | ‥ | ▲960 | ▲990 |
| 2007年5月1日 | 3,500 | ‥ | ▲1,530 | ▲1,620 |
| **（2008年3月期）** | | | | |
| 2007年5月21日 | 8,000 | 100 | 80 | 80 |
| 8月3日 | 8,500 | 100 | 80 | 80 |
| 11月9日 | 8,500 | ▲1,150 | ▲1,180 | ▲1,200 |

外部に掲げることで、社内の士気を鼓舞することが目的です。

一方で、**達成可能と考える最低限の数値を予想として発表する会社があります。**こうした会社は、資源など自らの手ではコントロールできない市況で業績が左右される会社、映画、ゲームなどヒット作の有無で業績が変動する会社に多いようです。また、会社によっては、過去の下方修正で株価が暴落したなどの苦い経験があり、二度と同じ轍を踏みたくないと考えているケースもあります。

**こうしたクセのある会社は期中で業績予想修正を発表する頻度が高まります。下方修正する会社は発表のたびに見通しを下げ切れず、上方修正する会社は上げ切れずに、それぞれ修正を繰り返す傾向があります。**

表はある機械メーカーが下方修正を繰り返した例です。赤字脱却をアピールするために、5月の前期決算発表時には今期黒字化の予想を発表します。第1四半期では希望を持っているので業績予想を修正しませんが、中間決算時（10月、11月）には踏ん張り切れず下方修正、その後も下方修正を繰り返します。

業績予想に関する各社のクセを知っていれば、株価の急上昇・急降下の可能性をある程度予想できます。

実戦ドリル

# 4 業績修正を重ねるわけ

取引先の値引き要請を避けるため、本当の儲けは内緒に!?

Q

アルデプロ、飯野海運、アセットマネジャーズ、この3社の共通点は何でしょう。またユニオンホールディングス、ラオックス、オリカキャピタルにも共通点がありますが、それは何でしょう。

A

正解は前者が07年7月期以前の過去3期の間に上方修正回数が多かった会社で、後者が同じく過去3期の間に下方修正回数が多かった会社なんだ。アルデプロと飯野海運は3期合計で11回、アセットマネジャーズも10回の上方修正をしている。同様にユニオンホールディングスは11回、ラオックスは10回、オリカキャピタルは9回の下方修正をしているよ。

会社はどういった時に修正を発表するの?

上場会社は原則として期初に今期業績見通しを公表し、期中に修正する必要が生じた時には速やかに修正発表することが義務づけられているんだ。修正が必要な基準は、売上高が上下10%以上増減する場合か、利益が30%以上増減する場合です。株式投資ではこの「大本営発表」前にいかに「本当の見通し」を把握して行動できるかもポイントの一つだね。この点、『四季報』は四半期ごとに足元の状況を勘案しつつ独自の業績予想を行っており、会社側の業績見通しの修正に先んじることがよくある。

上方修正が多い会社にはどんな特徴があるの?

アルデプロとアセットマネジャーズは不動産関連だ。地価上昇、不動産流動化・証券化の流れをうまくつかんだと言える。飯野海運はここ数年の中国経済の拡大に伴い原料・製品輸送の増加で海運市況が想定よりも上昇したことが上方修正につながっている。トップ３にこそ入らなかったが、上方修正が多いケースの上位には中間素材や部品メーカーが並んでいるんだ。これは期初から「今期も好業績が見込めそうだ」と発表してしまうと、素材や部品の顧客企業から「そんな余裕があるなら値引きに協力してほしい」という要請を受ける恐れがあるためさ。また原材料上昇をうまく製品価格に転嫁できた鉄鋼業界も目立つ。期中に原材料価格が変動するような場合は、１回の修正発表では、業績に与える影響を正確に読み切れないケースもある。また、そもそも原材料上昇、為替変動などの不確定要素を保守的に厳しく想定して予算を組む会社も上方修正が多いよ。

逆に下方修正が多い会社の特徴は？

ユニオンホールディングスとラオックスは業績不振企業。毎期のように赤字決算が続いており期初には黒字化の予想を発表するものの、やはり厳しい結果に終わるというパターンだね。オリカキャピタルは事業者金融と消費者金融という事業上、グレーゾーン金利問題が直撃した格好だ。これら以外だと、食肉などここ数期で業界全体に強い逆風が吹いた会社や、大型受注の成否が業績を大きく左右する会社などが目立つ。

下方修正は投資家に対する大きな裏切りね。ほかにはどんな特徴があるの？

社内の士気を高めるために社内で策定している努力目標をそのまま業績予想として対外的に発表してしまう会社もままある。また新規事業の軌道化やM＆Ａの成功など不確定要素の実現を織り込んで予想を作ってしまう会社もあるんだ。不祥事を起こした会社も下方修正が多くなりがちだと言える。

# 5 会社と『四季報』の「予想の差」を使う

➡ 中立的な立場から会社予想を独自に増減額

『四季報』の業績予想数字は担当記者が独自に作成します。会社側が発表する業績見通しも参考にはしますが、あくまで最終的には担当記者の判断で独自予想を作ります。

予想の正確度について、『四季報』予想、会社予想、コンセンサス（アナリスト）予想の順に正確だったとする研究もあります。会社予想は前節で触れた通りさまざまな思惑から恣意的になる可能性がありますし、アナリスト予想は総じて強気に傾きやすいという指摘もあります。それに対して『四季報』は個人投資家をはじめとする読者のための雑誌で、企業の広報誌ではありません。そのため、無条件に企業が発表した内容をそのまま書いたりはしません。

利害関係のない中立的な立場にある記者が企業への取材に基づき、景気動向、同業他社や主要取引先の状況などを総合的に判断して、業績予想を行っています。読者の側に立つからこそ、「マイナス情報」など企業にとって厳しいことも書けるのです。記者、データ担当者はもちろんのこと、東洋経済新報社の大多数の社員、関係者は株取引が内規で厳しく禁じられています。

こうした**『四季報』の独自予想銘柄は、業績記事で探すことができます。業績記事に「会社（計画）営業益○○億円は過小」という表現を見つけたら、【業績】欄の今期営業益予想の数字と見比べてください。**表記されているのは「○○億円」よりも高い数字となっているはずです。この時点では会社側はまだ業績の修正を発表していません。上方修正前に株を先回り買いできる絶好のチャンスです。

同様に、業績記事に「会社（計画）営業益○○億円は過小」「会社（計画）営業益○○億円は上振れ余地」「会社（計画）営業益○○億円は保守的」などとある銘柄は、記者が独自予想で増額したことを意味します。反対に、業績予想を独自に減額した場合は、「会社（計画）営業益○○億円

## 業績記事で予想の前提などをチェック！

「会社営業益○○億円は・・・・」
とあれば『四季報』独自予想

1301
(株)極洋（きょくよう）
【決算】3月【設立】1937.9【上場】1949.5
【特色】水産品の開発輸入・買い付け主力。すしネタに強み。加工食品は業務用が軸。海外加工比率高い
【連結事業】水産商事46(1)、加工食品48(1)、物流サービス3(8)、漁撈2(10)、他0(14)〈07・3〉
【増　益】カツオ、マグロの漁獲は市況高満喫。冷凍運搬船も利益上乗せ。ただ主力の買い付けがエビで苦戦、北洋魚、サケ、マスも不冴え。加工食品も伸び切れず表記増益が精いっぱい。会社営業益38億円は過大。

予想には前提条件が
ついている場合がある

3390
ユニバーサルソリューションシステムズ
【決算】3月【設立】1996.7【上場】2005.10
【特色】中小企業向けシステム開発が主力、外食向け強い。介護など新分野開拓、ベンチャーリンク発祥
【単独事業】ASP50、eコマース50〈07・3〉
【黒　字】主力の外食向けなどのASPは営業強化で回復。新規の介護向け業務効率化ソリューションもパートナー構築推進。下期にかけ介護向けの販売本格化前提に営業黒字化見込む。期初繰越赤字1・5億円。

海外売上が大きい会社は
想定為替レートに注意

7203
トヨタ自動車（じどうしゃ）
【決算】3月【設立】1937.8【上場】1949.5
【特色】自動車メーカーで利益世界首位。国内登録車シェア4割強。余資豊富で好財務。世界展開加速
【連結事業】自動車92(9)、金融5(12)、他3(3)
【海外】74〈07・3〉
【連続増益】販売計画は4％増の889万台。国内はミニバン全面改良で2％増、低燃費車好調な北米等海外も5％増見込み。設計・物流改善も寄与。資材高や償却負担こなし営業増益。1ドル115円想定。増配も。

は過大」「会社（計画）営業益○○億円に下振れ懸念」「会社（計画）営業益○○億円は努力目標」などの表現を使います。

また業績数字は会社予想を採用しつつも、業績記事で増額（減額）の可能性をにおわせるケースもあります。こうしたケースが多いのは原材料あるいは製品の市況が大きく変動する業界です。たとえば、化学業界では原油価格、製紙・段ボール業界では古紙価格が業績を大きく左右します。予想数字を増減させるほどの確実性はなくとも、原材料高が続き利益が圧迫される可能性が高いと判断した場合は、「原料価格高一服を前提に……営業増益」と条件が付けられます。気温で需要が大きく変化する飲料、アパレルなども条件が付きがちです。

例に挙げた業界に限らず、会社予想の達成に特別な前提がある時は、その旨を業績欄に書いています。前提が崩れれば業績修正になるという含意です。

また**為替変動が業績に及ぼす影響の大きい電機、自動車業界などでは「1ドル○○円」と会社の想定レートを記載します。この数値が実勢レートと大きく相違している場合は、やはり増減額の可能性が高いと判断してよいでしょう。**

実戦ドリル

# 5 独自予想が多いのは秋号

## CD-ROMなら独自予想の一発検索が可能

Q

08年新春号で会社の経常利益予想が10億円以上の会社は2198社ありました。会社予想と『四季報』予想が5%以上異なっていた会社の割合は次のうちどれでしょう。

①約5%　②約10%　③約20%　④約30%

A

答えは②の約10%。『四季報』予想と会社予想との乖離率が上方に5%以上だった会社が186社で、そのうち69社が乖離率が10%以上でした。逆に両者の乖離率が下方に5%以上だった会社は45社。合計231社で割合は10.5%になりました。

独自予想を売り物にしている割には、10%という割合は少ないような気がするけど？

これには対象が08年新春号だったということも影響しているんだ。上場会社の7割近くを占める3月期決算会社は10～11月に中間決算を発表し、同時に通期の予想を見直す。11月だとその期の残りは約5カ月なので、会社は通期のイメージがかなり描けているわけだ。そのイメージに大きな問題がない限り、記者は会社予想を踏襲する。その意味では、3月期決算会社がきっちりと予想を見直さない第1四半期後に発売となる秋号は、『四季報』予想と会社予想とが乖離する割合が高くなるんだ。

　新春号での割合は低いかもしれないが、個別にみると全日空で19.5%（会社予想比90億円増額）、三協立山HDで37.5%（同15億円減額）、オンワードHDで23.5%（同60億円減額）など、思い切った予想を立てているよ。

確かに中間決算後にしてはだいぶ会社予想と離れているわね。

でも『四季報』みたいなデータ集が思い切った予想を立てていいの？　データ集なら会社の言うとおりの数字をそのまま載せるのが一番いいんじゃないの？

**それは二重の意味で間違った理解だなあ。まず『四季報』は単なるデータ集ではなく、とりわけ予想数字や記事に関しては、取材した記者の判断が織り込まれた「雑誌」なんだ。だからこそ多くの個人投資家は年４回欠かさず買い求め、前号や会社計画との比較を行うというわけさ。過去データだけではこうはいかない。一番詳細な情報を持っているはずの会社の作る予想よりも外部の予想のほうが正確だというのは一見意外感があるかもしれないけど、会社の予想数字にはいろいろな思惑があるからね。業績の悪い会社は往々にして高めの予想を発表する傾向がある。逆に取引先との関係から予想を低く出すところや、低く予想を発表して上方修正を繰り返す会社もあるんだよ。**

そう考えると確かにしがらみのない、会社の外部の『四季報』予想のほうが信用できるかもしれないわね。私みたいな個人投資家は具体的にどう活用すればいいの。

**一番簡単なのが記事から「過小」、「上振れ余地」、「保守的」、「最低線」などの表現を探すことだ。これらは『四季報』が会社予想に対して独自に増額したことを示す表現で、期末までに会社が後追いで上方修正する可能性がある。それを先回りでつかめば投資妙味は大きいと言えるでしょう。**

でも分厚い『四季報』をくまなくめくって読み通すのは、とっても苦痛だわ。時間もないし。

そんな人のためにあるのが『会社四季報 CD-ROM』だよ！　実は近年、CD で検索しやすいように紙の『四季報』と表現を統一するという工夫がなされているんだ。だからもれなく拾えるよ。

## 6 四半期決算を使いこなす

➡ 業種ごとの特性を知り、通期予想にも目配り

03年4月以降に開始の事業年度から、すべての上場企業は四半期（3カ月）に1度、業績を開示することが義務づけられました。3月期決算会社の場合は、第1四半期は4～6月、中間決算では4～9月、第3四半期は4～12月の決算を発表することになります。東証では決算末日から45日以内での開示を要請しています。このような四半期決算の開示は米国を中心に発達し、今では世界標準となりましたが、『四季報』は、1936年の創刊時から年4回発売しており、その意味で四半期決算時代を先取りしていたと言えるかもしれません。

情報開示の機会が増え、情報量も充実してきた点は投資家にとって好ましいのですが、気をつけるべき点もあります。それは**業績の良し悪しは、あくまで1年間の結果で判断しなくてはならないということです。1年よりも長い期間で会社の状況を判断するのが適切な場合もあります。四半期決算は企業業績において、あくまで途中経過にすぎないという認識が必要です。**

たとえば3月期決算の建設会社の場合、第4四半期に当たる1～3月に工事が集中しやすいのが特徴です。この反動で4～6月は閑散期となり、第1四半期は赤字になる会社も少なくありません。下期偏重という特性を知っておく必要があります。「この会社は通期計画に対して中間業績の進捗率が低いから、株価が下がると思って株を売った」といった誤った判断に陥らないようにしましょう。

こうした事態を避けるには、前年同期の業績や同業他社の業績と比較することが有効です。第1四半期が赤字でも、前年同期がほぼ同水準の業績であれば“異常”でないことがわかります。『四季報』でも、3月期決算会社であれば前期と今期の第1四半期決算（3カ月分）実績を9月発売の秋号に、前期と今期の第3四半期決算（9カ月分）実績を12月発売の春号に掲載しています。これで前年同期や同業他社と比較してください。また、

## 四半期決算と通期決算は必ず両方見ること!

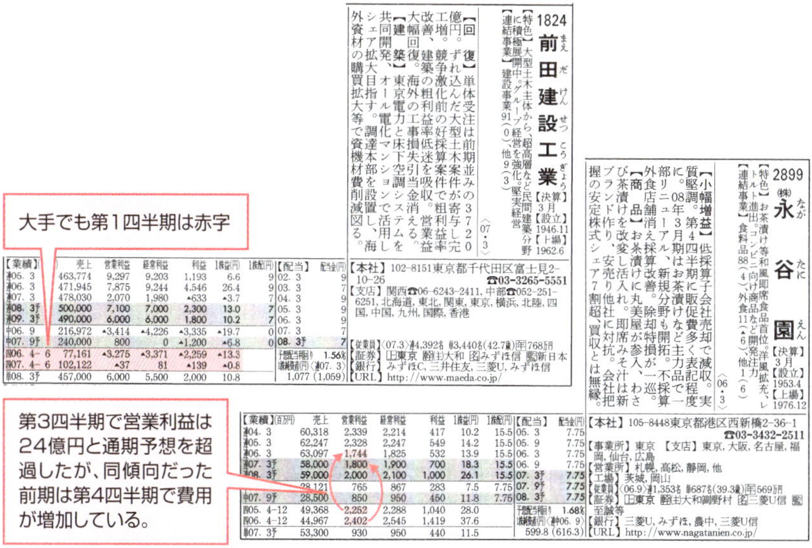


（出所）永谷園は『会社四季報』07年春号

中間および通期計画に対する進捗率をチェックすることも可能です。**「中間決算が赤字だった」と焦る前に、投資しようとしている業種や商習慣など、会社のクセを知っておくことが重要と言えるでしょう。**

ただし、進捗率を超える大幅な増益や減益になった場合、その会社が業績予想を修正するか否かを決算短信だけで読み解くことは難しくなります。機関投資家であればアナリストレポートなどを参考にできますが、一部の主要銘柄に絞られていることに加えて、個人投資家は入手が難しいのが現実です。**3カ月に一度発売される『四季報』を参考にすれば、上場企業全銘柄の業績見通しや、足元の状況など最新情報を知ることができます。四季報記者は全上場企業に対して3カ月に1度、取材をしており、そのつど、数字の見直しを行っています。**

さらに『四季報』では、四半期ごとの配当予想も行っています。06年5月から施行された新会社法で四半期配当も可能になったことに対応しました。【配当】欄に各四半期の配当予想額を掲載し、1株配の「生」の配当金額を基準日ごとに掲載しています。

実戦ドリル

# 6 季節変動に要注意

航空業界は「海の家」!?

Q

次の表は業績に季節的な傾向のある業種について説明しています。A～Dに当てはまる業種を次の中から選んでください。

①流通　②ビール・飲料　③家電　④航空

| | |
|---|---|
| 建設 | 年度末の完工が多く、4～6月、7～9月は費用先行で通常赤字 |
| A | 冬場は不需要期、気温の上がる7～9月が最盛期 |
| 化学 | 価格後決めの慣行あり。四半期と中間、通期決算が大きく変わることも |
| 重電 | 電力会社の予算執行が年度末のため、建設業と一部似たパターン |
| B | クリスマス商戦の影響大、10～12月膨らむ。五輪などイベントでも左右 |
| 自動車 | 新車販売に大きく左右される。一般に4～6月、9～11月に集中 |
| C | 7～8月の盛夏、年末年始に売上が膨らみやすい |
| D | 秋～冬はオフシーズン。お盆を含む夏休みがピーク |
| 電力・ガス | 電力は7～9月、ガスは10～12月、1～3月が需要の最盛期 |

A

**正解は、Aが②ビール・飲料、Bが③家電、Cが①流通、Dが④航空だ。家電は海外売上高が大きいため、特に欧米のクリスマス商戦の結果に業績が左右されるんだね。夏休みに稼ぐ航空は業界特性を表すのに「海の家」という比喩があるほどなんだ。業種による季節差って思ったより大きいでしょ。**

会社が発表している通期計画と比べて上期や第3四半期がよくても、業績予想を上方修正するとは限らない、と言えるかしら？

**第3四半期までで通期予想利益を上回っていても、第4四半期に翌期の販促費がたくさん予算計上されていて、通期では予想利益に収まるという例もある。早とちりは禁物です。**

途中経過がいいからといって、吟味せずに株を買ってはいけないのね。それにしても銘柄選びのたびに業界の特性を調べるなんて、ちょっと面倒。簡単に業界特性がわかるコツとかないんですか？

**簡単な方法としては、前年同期や同業他社と比較すれば、ある程**

度わかる。たとえばサッポロホールディングスの場合、07年12月期の中間決算は12億円台の営業赤字だったが、前年同期では18億円の営業赤字。なので前期と比べて５億円以上の収益改善と見ることができるね。この会社は上期に新製品を発売して、下期の７～12月で一気に利益を稼ぐのが特徴なんだ。同業のアサヒビールも、営業利益の７割を下期に稼ぎ出す。

そんな会社が中間期で黒字化した場合は、通期も増額が期待できるっていうことかしら？

一概には言えないね。業界全体の傾向だけでなく、商品の発売時期や受注が前倒しになる「期ズレ」などその会社固有の事情もあるからね。先取りしたいなら『四季報』を参考にするといい。３カ月に１度、業績予想を見直すので、会社発表よりも先に「増額」「上振れ」など業績好調を示唆する記述をチェックすれば、お宝銘柄を発掘できる可能性があります。

さっそく「増額」の銘柄を探さなきゃ！　ところで先生、よく新聞で猛暑だからエアコンが売れた、といった記事を読むけど、あれも業界の特性ですよね？　猛暑で業績が左右される業種って、エアコン以外にありますか？

「サマーストック」のことだね。猛暑で売上高アップが期待できる会社は「猛暑銘柄」などとも呼ばれる。ビール・飲料やアイスクリーム、日焼け止め、虫除けなどの関連銘柄が気温の上昇とともに人気が集まるよ。逆に厳冬の場合は、コートなどの冬物衣料、かぜ薬、家電、鍋物食材のきのこ類、スープ食品、燃料商社などの関連銘柄が上昇する。

自分の生活に置き換えて考えてみると、確かに当てはまるような……。

さらに週末に雨が多いと外出を控える人が増えるため、百貨店や総合スーパー、外食チェーンなどは来店客数が減ってしまう。季節と関係なくても、天気が業績悪化の要因となってしまうことは少なくないんだよ。

# 7 『四季報』予想のリビジョン効果を生かす

➡ 四季報指標で割安な中小型銘柄を発掘

株価が動く要因はさまざまです。経済環境、株式需給、企業業績の変動、企業買収、投資家の思惑……。

中でも業績の変化は株価に大きな影響を与えます。投資家は企業の業績がよくなると、配当金（インカムゲイン）が増えて、その結果株価が上がるのではないかと考えます。株価が上がれば値上がり益（キャピタルゲイン）が狙えます。一方、業績が悪くなると配当金が減り、ひいては株価も下がると見ます。

**このため業績修正が株価に与える影響は、業績予想の「リビジョン（修正）効果」として高い関心を集めています。**特に『四季報』予想は、全上場銘柄の業績を2期にわたり予想するという他に例がない業績予想のため、外国人投資家、機関投資家などのプロも注目しています。

リビジョン効果は実際に投資尺度としてどの程度有効なのでしょうか。05年末に大和総研が東証1部上場企業を対象に行った調査があります。それによれば、『四季報』の経常利益予想が10％以上増額された銘柄と10％以上減額された銘柄の間では、株価リターンに大きく差がついたということです。

これを受けて『四季報』では、業績予想のリビジョン効果の大きさを測定する「四季報指標」を開発し、計算結果をランキングとして掲載しています。この指標では、リビジョン＝業績修正率と定義し、(新『四季報』の経常利益予想－旧『四季報』の経常利益予想)÷{(旧『四季報』の経常利益予想の絶対値＋新『四季報』の経常利益予想の絶対値)÷2} で表します。計算に当たっては、今期予想だけでなく来期予想の修正度合いも反映できるようになっていたり、赤字から黒字転換した場合にリビジョンが高くなるようになっていたりなど、いろいろと工夫が凝らされています。

このリビジョンに、割安度合いを表すPBR（株価純資産倍率）やPER(株価収益率)、『四季報』と会社の予想の差、さらに「利益の質」(前期実

## 毎号、巻末ないし巻頭に四季報指標ランキングを掲載

四季報指標ランキングのチェックポイント

① 業績修正の背景を本文の業績予想や記事欄で確認
② 株価が割安な中小型株が中心
③ 出来高が小さく、値動きが荒い銘柄には要注意

独自開発！ 改良版・四季報指標ランキング

### 業績修正率（リビジョン）が大きくかつ割安な会社はここだ

| 順位 | コード | 社名 | 今期予想決算期 | 経常利益（百万円） | 評価点 | 順位 | コード | 社名 | 今期予想決算期 | 経常利益（百万円） | 評価点 |
|---|---|---|---|---|---|---|---|---|---|---|---|
| 28 | 7858 | 小野産業 | 単08. 3 | 250 | 83.73 | 1 | 7646 | PLANT | 単08. 9 | 700 | 92.53 |
| 29 | 9764 | 技研興業 | 連08. 3 | 150 | 83.64 | 2 | 3330 | アガスタ | 単08. 6 | 250 | 90.97 |
| 30 | 4712 | アドアーズ | 単08. 3 | 1,880 | 83.60 | 3 | 6916 | アイオーデータ機器 | 連08. 6 | 850 | 90.69 |
| 31 | 7859 | アルメディオ | 連08. 3 | 460 | 83.39 | 4 | 8093 | 極東貿易 | 連08. 3 | 1,300 | 89.67 |
| 32 | 3422 | 丸順 | 連08. 3 | 1,800 | 83.32 | 5 | 9819 | スーパー大栄 | 単08. 3 | 80 | 89.56 |
| 33 | 6420 | 福島工業 | 連08. 3 | 1,750 | 83.21 | 6 | 1957 | 保安工業 | 連08. 3 | 800 | 89.20 |
| 34 | 9739 | NSW | 連08. 3 | 1,000 | 83.17 | 7 | 7419 | ノジマ | 連08. 3 | 2,400 | 88.69 |
| 35 | 6400 | 不二精機 | 連07.12 | 20 | 82.92 | 8 | 3032 | ゴルフ・ドゥ | 単08. 3 | 35 | 88.59 |
| 36 | 1777 | 川崎設備工業 | 単08. 3 | 200 | 82.62 | 9 | 8740 | フジトミ | 連08. 3 | 100 | 88.39 |
| 37 | 4406 | 新日本理化 | 連08. 3 | 610 | 82.53 | 10 | 7494 | コナカ | 連08. 9 | 5,000 | 88.23 |
| 38 | 5739 | 日本製箔 | 連08. 3 | 910 | 82.46 | 11 | 7254 | ユニバンス | 連08. 3 | 2,200 | 86.90 |

（出所）『会社四季報』08年新春号

績の（営業利益－営業キャッシュフロー）÷総資産）を組み合わせて評価点を算出します。評価点が高いほど、リビジョンが大きくかつ割安な銘柄ということになります。

『四季報』では毎号、四季報指標ランキング上位を掲載しています。注意すべきは、ランキングに当たっては時価総額上位300銘柄を除外している点です。注目度の低い会社は業績予想修正に株価が大きく反応する傾向がありますが、時価総額の大きな会社は多くのアナリストが注目しているため業績予想修正があらかじめ織り込まれてしまうなどの理由から、指標の有効性が減殺されてしまうためです。ネット系企業などの割高銘柄が好まれる相場局面でも同じことが言えます。

こうした例からもわかるとおり、四季報指標も万能ではありません。ただ、**業績に安定感のある中小型の割安株に興味のある投資家にとっては四季報指標やその考え方が、銘柄選別効果を高める参考となる**のではないでしょうか。

実戦ドリル

# 7 四季報指標の考え方

## 業績に安心感のある、割安銘柄に注目する

**Q**

四季報指標では、前号比で業績予想の修正度合いが高いこと、株価が割安なことが重要なポイントとなります。次のうち、四季報指標で評価が高いと判断できない銘柄はどれでしょう。

（単位：100万円、倍）

| | | 売上高 | 営業利益 | 経常利益 | 純利益 | PER | PBR |
|---|---|---|---|---|---|---|---|
| A社 | 前号 | 15,000 | 900 | 880 | 500 | 9.6 | 0.6 |
| | 今号 | 15,800 | 1,200 | 1,100 | 600 | 7.7 | 0.6 |
| B社 | 前号 | 101,000 | 2,000 | 1,700 | 1,000 | 15.4 | 0.7 |
| | 今号 | 103,000 | 2,800 | 2,700 | 1,600 | 9.3 | 0.7 |
| C社 | 前号 | 30,000 | 550 | 650 | 650 | 5.7 | 0.8 |
| | 今号 | 30,000 | 700 | 800 | 800 | 5.1 | 0.8 |
| D社 | 前号 | 74,000 | 6,000 | 5,800 | 3,400 | 5.4 | 0.6 |
| | 今号 | 76,000 | 5,800 | 5,600 | 2,800 | 4.6 | 0.6 |

**A**

正解はD社。D社は営業利益が減額されていますが、A社からC社までは前号よりも増額されている。業績修正が株価に与える影響については、機関投資家などの間でも「リビジョン（修正）効果」として大きな関心を集めているよ。

要するに、割安で業績予想を上方修正している会社に注目すればいいのね。

割安であるだけでなく、『四季報』が前号から経常利益予想を修正しているかどうかがポイントです。増額修正銘柄の評価を高くしています。また、会社予想よりも『四季報』が強気であれば、これもプラス評価となります。

でも、前号の『四季報』と見比べながら、増額している会社を探し出すなんて気が遠くなりそう。

前号と見比べなくても、『四季報』にきちんと書いてあるさ。まず、業績予想を増額した会社は「増額」「増益幅拡大」「減益幅縮小」、減額した会社は「減額」「増益幅縮小」「減益幅拡大」と必

ず記事で触れている。また、営業利益の前号比増減の度合いは欄外の業績予想修正記号で一目瞭然だよ。

あっ、簡単。欄外の上向きの矢印を探せばいいのね。

注意すべきは、更新された『四季報』予想が公表されるのは『四季報』発売日とは限らないということだ。『四季報』は年４回の発売だけど、『四季報』予想自体は日々更新されている。更新された予想は、証券会社、機関投資家向けに日次、週次という単位で販売されているんだ。ある銘柄で大幅増額があったとしても、『四季報』の発売日にはすでに株価に織り込まれている可能性があるんだよ。

何だかとっても不公平な感じがするな。個人投資家は日々更新された予想を知ることはできないのかな？

オンラインで情報を配信する「会社四季報速報プラス」に入会すれば、週次予想を知ることができるよ。また、ロイター、ブルームバーグなど日次予想を購入している情報ベンダーの会員になれば知ることができる。

ところで先生、PERは低いほうが、割安でオススメと雑誌で読んだことがあります。ですから、D社はPERが4社の中で最も低いので、これも割安銘柄だと思うんですが。

確かにPERはD社が一番低く、割安感はあるね。しかし苦戦しているD社より、好調なA～C社のほうが当面は業績に安心感があることは確かだね。

確かに割安でも、株価上昇が期待できなければ投資する楽しみは減ってしまうわね。

ただし、ご指摘のように、PERやPERが高すぎる会社だと業績好調でも割安感がなく、投資する時は要注意だね。一般的にPERは20倍以下、PERは１倍以下が割安の目安と言われているんだよ。

# 第4章

# 株式市場は危険がいっぱい
# ——「アブナい」会社の見分け方

# 1 赤字と投資適格の関係

➡ 例外はあるが、『四季報』業績欄に「▲」が目立つ会社は敬遠が賢明

命の次に大切と言われるおカネで株を買うわけですから、なるべく安定した会社を選びたいものです。それにはまず会社の状況を知らなくてはなりません。おおまかな状況がわかるのが決算です。現在、上場会社は四半期ごとの業績開示を義務づけられていますが、一番重要なのは1年間の状況を表す期末決算です。貸借対照表（B/S）は決算期末での資産と負債の状況を示します。損益計算書（P/L）が1年間の“成績表”です。

P/Lの利益の中では、営業利益、経常利益、当期純利益の三つの利益が重要です。「▲」はマイナスの状態で赤字を示します。

**営業赤字には二つの段階**があります。一つは、売上高から売上原価を引いた**売上総利益の段階からマイナスの場合で、これは製品やサービスを生み出す費用（原価）さえ賄えていないわけですから、営業を続ければ続けるだけ赤字が増えるという、かなり危険な状態**です。次に、**売上総利益がプラスでも販売管理費がそれを上回る場合。**販売管理費には、販売促進費、広告宣伝費、物流費、原価に入らない人件費、貸倒引当金、のれん代償却などが含まれます。販売管理費が原因の営業赤字は、販売費用に見合った売り上げが実現していない、利益を生まない本社経費が多すぎる、といったことが考えられます。売上総利益がマイナスである状態に比べるとマシですが、本業で利益が上げられないという点は同じで、基本的に投資対象としては不適切です。

**営業利益までは黒字でも、営業外損益のマイナスが営業利益を上回ると経常赤字**になります。営業外損益は営業外収益から営業外費用を差し引いたものです。営業外収益の主な構成要素は受取利息・配当金、営業外費用のそれは借入金や社債などの支払利息です。持分法投資損益、長期保有目的ではない有価証券売却損益、為替予約による為替差損益は、利益ならば営業外収益に、損失ならば営業外費用に計上されます。支払利息が原因の場合、財務体質によるものなので急激な改善は難しいでしょう。それ以外

## 損益計算書の構造と株主資本との関係

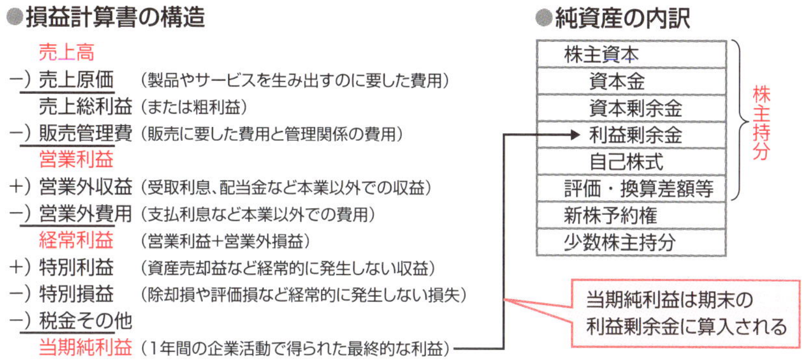


は、一過性の赤字である可能性もあるので、中身を吟味する必要があります。何であれ、頻繁に経常赤字になるような銘柄は避けるべきです。

当期純利益だけが大赤字になる場合は、特別損失が原因です。リストラ損、投資有価証券売却・評価損、減損、固定資産除却損などが主なものです。「特別」とあるように、経常利益段階までに計上するのが不適当な損失であるため、多額になる傾向があります。日産自動車はカルロス・ゴーン氏が社長になった2000年3月期に巨額のリストラ損失を計上することで翌期のＶ字回復を演出、株価上昇につなげました。**特別損失による最終赤字は、必ずしも投資回避のサインではなく、営業外費用と同様、特別損失もその内容を精査する必要があります**（税効果会計で最終赤字が拡大することがありますが、そうした会社は経常段階から赤字の場合が大半です）。

当期純利益が赤字になると、B/Sの株主資本に悪影響を与えます。図のように、当期純利益は株主資本の利益剰余金という勘定科目に毎年算入されます。最終黒字が続くと利益剰余金の額が増えることで株主資本も増えて、財務体質がよくなります。反対に**最終赤字が続くと、利益剰余金がマイナスになります。マイナスが累積して資本金、資本剰余金、評価・換算差額等の合計を上回り、株主持分全体がマイナスになった状態が債務超過**です。通常2年間、債務超過の状態が続くと、上場廃止になります。

前述の日産のような例はありますが、『四季報』の業績欄に赤字であることを示す「▲」が目立つ会社への投資は避けるのが賢明です。

実戦ドリル

# 1 マイナスの利益剰余金

## 株主資本等変動計算書を見る

**Q**

Ａ社とＢ社、ともに単体の利益剰余金がマイナスですが、一方は配当をしていて、もう一方は無配です。配当しているのはどちらでしょう。

（単位：100万円）

| A社 | 株主資本 | | | | |
|---|---|---|---|---|---|
| | 資本金 | 資本剰余金 | 利益剰余金 | 自己株式 | 株主資本合計 |
| 06年8月31日残高 | 50,906 | 37,593 | ▲ 12,573 | ▲ 2 | 75,924 |
| 事業年度中の変動額 | 12,500 | 23,677 | ▲ 10,260 | ▲ 93 | 25,823 |
| 07年8月31日残高 | 63,406 | 61,271 | ▲ 22,833 | ▲ 96 | 101,748 |

| B社 | 株主資本 | | | | |
|---|---|---|---|---|---|
| | 資本金 | 資本剰余金 | 利益剰余金 | 自己株式 | 株主資本合計 |
| 06年3月31日残高 | 13,292 | 1,675 | ▲ 9,577 | ▲ 55 | 5,335 |
| 事業年度中の変動額 | 2,941 | 1,287 | 54 | 0 | 4,282 |
| 07年3月31日残高 | 16,233 | 2,963 | ▲ 9,523 | ▲ 56 | 9,617 |

**A**

答えはＡ社です。分配可能な剰余金はいくらあるのかがポイントです。分配可能な剰余金は、資本剰余金＋その他利益剰余金－配当する時点での自己株式残高など、となっています。自己株式が極端に多くない限り、おおまかには資本剰余金と利益剰余金の合計がゼロ以上ならば、その額が配当可能な額となります。

Ａ社はゼロ以上だけど、Ｂ社はマイナスね。ということはＡ社は配当できるの？

Ａ社、Ｂ社はそれぞれ USEN とシルバー精工で、例題は USEN の07年８月期決算、シルバー精工の07年３月期決算の株主資本等変動計算書から抜粋しました。実際に USEN は５円配当をしている。

決算期末に損失を処理できず、翌期に繰り越してしまう場合は配当できないと聞いたことがあるけど、利益剰余金のマイナスというのはその「繰損」ってやつじゃないの？

繰損のある会社が配当できない、というのは旧商法の規定なんだ。06年５月に施行された会社法では、剰余金の配当という考えが採用され、繰損つまりは利益剰余金がマイナスでもそれを上回る資本剰余金があれば配当が可能になった。

実質的に繰損があるのに配当するというのは、あまり健全じゃない気がするわ。

実は、旧商法も会社法も基本的に大きな違いはないんだよ。同じような状況下で、旧商法は資本剰余金を取り崩して利益剰余金に振り替えて繰損を解消することを求めていたんだ。この手続きは株主総会での決議を必要とするなど煩雑だった。会社法では繰損の解消原資があればよしとすることで、手間を省いたと言えるね。見栄えは悪いけど、将来の継続的な黒字に自信があれば、利益剰余金のマイナスを放置してもよくなり、会社にとっては都合がいい措置になったわけさ。

どれほど多額の繰損があっても、それを上回る資本剰余金があれば配当可能というわけね。でも、自己株を引くのは何でなの。

自己株は株式交換や売り出しなど再度市場に出ない場合、消却するのが原則。貸借対照表上は、消却を前提としているため、自己株残高は「▲×××」とマイナス表記されているんだよ。

それにしても、連結決算の時代だというのに、何で単体の利益剰余金が問題になるのかしら。

配当に関する単体主義は会社法でも変わっていない。考えられる弊害としては、海外の連結子会社が市場拡大に伴い好業績を挙げているが、国内主体の単体は人口も増えず伸び悩みといった場合だが、これは親会社が子会社配当を増やして利益を吸い上げれば済む話で、致命的な問題にはならない。メドとなる配当性向を連結ベースで考える会社も増えているけれど、これは当然な流れと言えるね。

# 2 株主持分の減少会社は要注意

➡ 株主持分の残高と業績予想をチェックして債務超過リスクを知る

前節で触れたように、最終赤字が続けば、やがて資本金と資本剰余金の合計を上回り、債務超過となります。株主持分のマイナスを貸借対照表のように表せば「資産＝負債＋マイナスの株主持分」ということで、負債＝債務（銀行、社債を購入した機関投資家など株主以外から調達したカネ）が資産を超過しているわけです。

**『四季報』の財務欄の「株主持分」に「▲」がついていれば、その会社は直近決算期末（中間期を含む）で債務超過状態にあるということになります。**本決算で2期連続の債務超過は上場廃止基準に抵触しますので、『四季報』では債務超過の会社について記事中で必ず言及します。

机上の計算ですが、会社の解散価値というものがあります。ある時点で会社が清算すると仮定したときに株主が得られる1株当たりの金額で、『四季報』では「1株純資産」として業績欄に掲載しています。「資産＝負債」（つまり株主持分ゼロ）となった時点で解散価値はゼロになります。

債務超過の会社に対する投資は無価値なものへの投資と同じことです。よほどの思惑でもない限り投資対象にはなり得ず、少なくとも初心者は手出し無用です。2年を待たずして倒産してしまうこともあり得ます。会社が会社更生法を申請した場合、1カ月後に上場廃止となり市場での取引はできなくなります。つまり、流動性＝換金可能性がほぼなくなるということです。よしんば、民事再生法の適用などで、スポンサーがついて上場が維持できたとしても、再建までの「塩漬け」は避けられません。

最初から債務超過とわかっていれば投資をする人はほとんどいないでしょう。厄介なのは投資していた会社が債務超過になってしまう場合です。

そうした状況に陥らないためにまず気をつけるべきは、会社の株主持分比率です。株主持分比率は総資産に占める株主持分の割合です。**株主持分は株主からの払込資本と会社の過去の利益の蓄積で、これが厚ければ厚いほど債務超過になる確率は低くなります。**業種によって違うので一概には

## 過小資本の例

**2363 ㈱モック**

【決算】6月　【設立】1994.4　【上場】2003.4

【特色】直営・提携店での結婚式等ウエディング関連プロデュースが主力。直営飲食店事業を強化

【連結事業】飲食店サポート21、ウェディングサポート60、生活関連5、不動産14、広告0、他0〈07・6〉

【不透明】主力のウエディングサポートは六本木店が通年寄与。広告や飲食事業などのリストラは前期完了だが、不動産仲介など不透明。会社営業益1・8億円は過大。

【継続疑義】転換社債15・9億円調達計画は株価下落など受けて中止。借り入れ返済や運転資金向けの今後の資金調達については未定。新規借り入れ実行等に関して継続疑義の注記あり。期初単独繰越赤字77億円。

第4章の3
参照

| 年月 | 【資本異動】 | 万株 |
|---|---|---|
| 06. 6 | 消却 | 7.7 |
| 06.11 | 現物出資 | 9.2 |
| 07. 1 | 三者3.3万株(31015円) | 13 |

06. 5 転社20億円＊ 119400円
06.11 転社15億円 33081円

| 東証マ | 高値 | 安値 |
|---|---|---|
| 03~04 | 2140000(04) | 300000(03) |
| 05 | 854000(4) | 242000(12) |
| 06 | 415000(1) | 24500(12) |
| 07. 1~8 | 40250(1) | 7340(8) |

| | 高値 | 安値 | 出来万株 |
|---|---|---|---|
| 07. 4 | 22400 | 13850 | 7 |
| 5 | 18020 | 11150 | 19 |
| 6 | 19450 | 12880 | 21 |
| 7 | 16790 | 12220 | 9 |
| #8 | 14100 | 7340 | 10 |

【格付】—

【時価総額】3年前比▲95.6%
〈順位〉全3762 業種353/379

【株式】7/31 134千株
単位 1株 貸借
時価総額 14.6億円

【財務】〈連07.6〉百万円
総資産 10,567
株主持分 457
株主持分比率 4.3%
資本金 4,243
利益剰余金 ▲8,029
有利子負債 6,153

【指標等】〈連07.6〉
ROE ▲866% 予▲98.5%
ROA ▲37.4% 予 ▲4.3%
調整1株益 —円
最高純益(04.6) 434
設備投資 1,979 予 ‥
減価償却 507 予 ‥
研究開発 0 予 ‥

【キャッシュフロー】百万円
営業CF 53(▲2,596)
投資CF 6,912(▲3,008)
財務CF ▲8,672( 5,061)
現金同等物 241( 1,948)

【株主】8,385名〈07.6〉 1株
山田信房 33,087(24.6)
三井物産 3,000( 2.2)
バークレイズ・キャピタル証券 1,601( 1.1)
小山田壮権 1,400( 1.0)
㈱マルチメディアネットワーク 1,230( 0.9)
鷲見貴彦 1,079( 0.8)
細谷公敏 1,000( 0.7)
松川和宏 1,000( 0.7)
リーマン・ブラザーズ・インターナショナルヨーロッパ 933( 0.6)
座安正 910( 0.6)
〈外国〉4.3%　〈浮動株〉31.5%
〈投信〉0.0%　〈特定株〉34.5%

【役員】㈳山田信房 ㈹佐藤智彦 斎藤将貴 関田眞喜 (常監)西濱 近藤貴信 (監)三好正也 (9.26予)

【連結】ロックストーン

| 【業績】(百万円) | 売上 | 営業利益 | 経常利益 | 利益 | 1株益(円) | 1株配(円) |
|---|---|---|---|---|---|---|
| 単03. 6＊ | 4,416 | 574 | 512 | 261 | 6,754 | 313 |
| 連04. 6＊ | 6,529 | 1,013 | 829 | 434 | 8,058 | 1250 |
| 連05. 6 | 17,565 | 1,079 | 940 | ▲911 | ▲16,586 | 0 |
| 連06. 6 | 21,558 | ▲1,090 | ▲1,330 | ▲3,870 | ▲59,477 | 0 |
| 連07. 6 | 16,084 | ▲2,005 | ▲2,704 | ▲3,956 | ▲37,836 | 0 |
| 連08. 6予 | 10,000 | ▲300 | ▲450 | ▲450 | ▲3,352 | 0 |
| 連09. 6予 | 9,500 | ▲200 | ▲400 | ▲400 | ▲2,979 | 0 |
| 中06.12 | 10,227 | ▲870 | ▲1,109 | 346 | 4,215 | 0 |
| 中07.12予 | 5,000 | ▲200 | ▲290 | ▲300 | ▲2,234 | 0 |
| 単08. 6予 | 5,800 | ▲370 | ▲470 | ▲470 | ▲3,501 | |

| 【配当】 | 配当金(円) |
|---|---|
| 02. 6 | 2500 |
| 03. 6 | 2500 |
| 04. 6 | 2500 |
| 05. 6 | 0 |
| 06. 6 | 0 |
| 07. 6 | 0 |
| 08. 6予 | 0 |

予想配当利回り —%
1株純資産(円)〈連07. 6〉 3,409 (36,574)

【東京本社】104-0061東京都中央区銀座6-8-7 交詢ビルディング ☎03-6253-8778
【名古屋本社】460-0003名古屋市中区錦2-3-4 名古屋錦フロントタワー ☎052-222-6211
【営業拠点】8
【従業員】〈07.6〉連386名 単223名(30.1歳)年409万円
【証券】上東京マ 幹(主)大和(副)日興, インヴァスト, 安藤, 東海東京, 丸八, SMBCフ, Eトレ, HS, オリックス 名三菱U信 監プライム
【銀行】みずほ, りそな, 三井住友, 三菱U
【URL】http://www.moc.co.jp/

言えませんが、株主持分比率10％未満は厚いとは言えません。

『四季報』では**【財務】欄に株主持分と株主持分比率を掲載しています。ここでまず株主持分比率が何％かをチェックしてください。次に株主持分がいくらかを見ます。**図の例では、07年6月本決算期末の株主持分は457百万円です。この後に最終黒字が計上できれば、ひとまず債務超過は回避できます。そこで、次に【業績】の業績予想を確認します。07年秋号時点の四季報予想では、08年6月期の最終利益は450百万円の赤字。07年秋号時点で考えると、増資などによる資本増強がなければ、株主持分は457百万円－450百万円でわずか7百万円になってしまいます。

さらに09年6月期の予想を見ると、400百万円の最終赤字になっています。この予想が当たれば、09年6月期末でこの会社は債務超過に陥ります。黒字化に向けての方策や抜本的な資本政策が求められていることが読み取れます。

**一気に債務超過になる場合を除いて、債務超過になる前には利益剰余金がマイナスになっているはずです。『四季報』では株主持分比率の二つ下に利益剰余金のデータも掲載しているので参考にしてください。**

実戦ドリル

# 2 上場廃止制度

## 取引所はリスクの高い銘柄を公表している

**Q**

次の分類の銘柄のうち、上場廃止リスクのある分類を選び、さらにそれらを上場廃止リスクの高い順に並べてください。

①監理ポスト銘柄　②日経225銘柄　③指定替え基準の猶予期間入り銘柄　④制度信用銘柄　⑤整理ポスト銘柄　⑥上場廃止基準の猶予期間入り銘柄

**A**

**リスクの高いものから順に⑤整理ポスト銘柄、①監理ポスト銘柄、⑥上場廃止基準の猶予期間入り銘柄となります。**

字面からして、監理ポスト銘柄のリスクが一番高いのかと思ったわ。

**証券取引所は上場廃止の恐れがある銘柄を投資家に周知し、取引を継続するための場として、整理ポスト、監理ポストを設けているんだ。上場廃止基準には、株主数、時価総額、債務超過、有価証券虚偽記載、会計監査における不適正意見、売買高、完全子会社化、被合併、破産などがあります。基準に抵触する恐れが生じた時に、取引所は当該会社を監理ポストに割り振ります。**

割り当てられたら上場廃止というわけではないの？　取引に制限はないの？

**割り当て期間中に企業努力などで状況が改善すれば、指定が解除される。取引に制限はありません。ただし、状況が改善されなければ整理ポストに移行することになるんだ。**

整理ポストって上場廃止リスクが最も高いとされているポジションよね。

リスクが高いというより、整理ポストは上場廃止が決まった銘柄を取引する場です。会社更生法を申請すると、監理ポストを経由せず即整理ポストです。新たな信用取引はできません。

三つめの上場廃止基準の猶予期間入り銘柄というのは、どういうものなのですか。

前に説明した上場廃止基準に抵触した際、理由によって期間は違いますが、それを改善する期間を与えるという制度です。

猶予期間があるという意味では、監理ポストと同じみたいだけど、何が違うの。

一般的に基準抵触の緊急性が高いと監理ポストになる。TOB（株式公開買い付け）の被対象、被合併など突然に基準抵触となった場合は監理ポストとなり、そうではなく以前から抵触が予想された場合は猶予期間入り銘柄となる。期間中に改善されないと、最終的に整理ポストに割り振られる。東証は07年11月から制度を一部手直ししたんだ。監理ポストを上場廃止事由により監理銘柄（審査中）と監理銘柄（確認中）に分け、そのうち監理銘柄（審査中）が審査の結果上場廃止に至らず、内部管理体制の改善が必要な場合は、新設する特設注意市場銘柄に指定する。改善されれば解除される。整理ポストは整理銘柄となったんだ。

同じ猶予期間入り銘柄でも、指定替え基準の場合、上場廃止リスクはないの。

指定替えというのは、1部上場と2部上場とを行き来することです。1部は2部より上場基準が厳しく、その基準を満たせないと2部へ指定替えとなるのだが、上場は維持される。

上場廃止リスクのある銘柄はどうやって確認できるの。何を見ればいいのかしら。

証券取引所はホームページで該当銘柄を公表しているよ。また、『四季報』では巻末特集で、上場廃止リスクがある銘柄を　覧表にしています。

# 3 継続疑義とは何か

➡ そのまま経営が破綻する事例も多い

「継続企業の前提に関する注記」（以下、継続疑義）は四季報編集部への問い合わせが多い言葉です。**簡単に言ってしまえば、今後、企業が継続できない恐れがある、ということです。**

企業の決算書は、その企業が破綻せずに続いていくことを前提に作られています。が、一部企業ではその前提を自明とはできない状況に陥っています。売上高の大幅な減少、営業損失や営業キャッシュフローのマイナスの連続、債務超過、債務免除を要請中、重要な取引先の喪失、事業継続に欠かせない資産の毀損（きそん）などです。こうした状況を専門用語では**「継続企業の前提に重要な疑義を抱かせる事象又は状況」といい、会社はこうした事象や状況が存在すると判断した時は、財務諸表に注記をしなくてはならないと財務諸表規則に定められています。**

実際には次ページの例のような様式で決算書に記載されます。**会社は、事象・状況の内容、それらを解消、改善するための対応や経営計画、「重要な疑義」の影響を財務諸表に反映させているかどうか、を盛り込まねばなりません。**例では、前期まで3期連続の営業損失を計上し、今期は営業黒字を達成したものの減損処理で最終赤字となったため、重要な疑義が存在しているとしています。省略しましたが、その後は、経営体制刷新、組織変更、仕入れコスト引き下げなどの諸施策を打ってきたこと、今後も同施策を引き続き推進すること、それにより重要な疑義は解消されると見込んでいることなどが書かれています。

そして、文末には「連結財務諸表は継続企業を前提として作成されており、上記のような重要な疑義の影響を連結財務諸表には反映しておりません」とあります。仮に重要な疑義の「影響を反映させる」としたら、経営改善策には効果がないとして引当の積み増しや減損の追加など財務諸表にダメージを与える会計処理を行わなくてはなりません。そのため、影響を財務諸表に反映させないのが普通です。

## 継続疑義の情報はこんなふうに公開される

継続企業の前提に重要な疑義を抱かせる事象又は状況

| 前連結会計期間<br>（自　平成17年3月１日<br>至　平成18年2月28日） | 当連結会計期間<br>（自　平成18年3月１日<br>至　平成19年2月28日） |
|---|---|
| 当社グループは、前々期連結会計年度540百万円、前期連結会計年度296百万円および当連結会計年度は244百万円の重要な営業損失を連続して計上しており、当該状況から、継続企業の前提に関する重要な疑義が存在しております。<br>当社グループは、当該状況を解消すべく、下期において、…… | 当社グループは、前連結会計年度まで3期連続して営業損失を計上しておりました。当連結会計年度は営業利益を計上することができましたが、「固定資産の減損に係る会計基準」の適用に伴い359百万円の減損損失を計上したことにより、前連結会計年度より270百万円改善されたものの、393百万円の当期純損失となりました。当該状況から、継続企業の前提に関する重要な疑義が存在しております。<br>このような状況の中、経営体制刷新と…… |

企業の決算書を監査する監査法人は、重要な疑義についての注記が適切かどうかを判断します。注記が適切であると判断したら、無限定適正意見と疑義に関する追記情報を監査報告書に記載します。

注記自体が実態に合わず不適切である、疑義は適切だが経営計画など対応策が明示されていない、将来どうなるかわからない事象の影響が複合的で多岐にわたる、という場合、監査法人の意見は限定付適正意見、不適正意見、意見不表明に分かれます。有価証券報告書に先立って発表される決算短信は監査不要ですが、実際には監査法人が目を通していることがほとんどのため、無限定適正意見が得られない決算は発表できなくなります。つまり、限定付適正意見などが記載される例はほとんどありません。東証上場の07年3月期決算会社1823社のうち、意見不表明が1社ありましたが、経営が行き詰まり、すでに経営統合が決まっている会社でした。

例で紹介したように、継続疑義はその事象・状況が解消されればなくなり、実際に継続疑義が外れた事例は多々あります。が、継続疑義が残ったまま破綻した事例もまた多々あります。投機なら別ですが、投資という観点からすると継続疑義のある会社には慎重に対処すべきでしょう。

『四季報』では直近の決算に継続疑義がある場合は、記事欄に記載しています（第4章第2節の図を参照）。証券取引所のホームページでも確認できます。東証を例にとると、「マーケット情報」→「統計資料」→「監査意見の集計結果」で該当銘柄がわかります。

実戦ドリル

# 3 危ない会社が出すシグナル

## 情報量の少ない個人がババをつかむ懸念

**Q**

次のうち、会社が危険な状態であることの兆候と必ずしも言えないものが一つあります。どれでしょう。
①株主持分がマイナス　②長期借入金が減り短期借入金が増える
③継続疑義の注記がある　④利益剰余金がマイナス　⑤大株主から金融機関や創業一族の名義が消える

**A**

①と③が投資に不適格であることは理解していただでいると思います。残る選択肢は②④⑤の三つですが、どれでしょう？

えーと、第１節のドリルで資本剰余金のプラスが利益剰余金のマイナスを上回れば配当可能という話があったわね。だから④！

ピンポ～ン。その通りです。②と⑤が危険な状態を表す理由はわかるかな？

金融機関や創業一族が株式を手放すというのは「沈む船からねずみが逃げ出す」って感じよね。借入金の話はピンと来ないわ。

では②の借入金について説明しましょう。銀行は企業に運転資金や設備投資資金を供給する過程で、その内実をかなり詳しく知り得る立場です。一般に企業が一段と成長するには、新規の事業が黒字化する期間を支える長期の資金が欠かせません。貸し手の銀行にとって、貸出期間が長いほどリスクが増すので、担保と信用のある相手にしか長期では貸しません。

つまり、企業の長期借入金残高は担保と信用のバロメーターになるというわけね。

そうです。企業が変調を来すと銀行はまず人材を派遣して再建を目指します。銀行が多額の貸出をしていて、企業と生死をともにする状態になっていると、債務の株式化（デット・エクイティ・

スワップ）のような手も使って支えます。

　これは借入金（返さなくてはいけないカネ）を株式すなわち「倒産したら返ってこないカネ」にするということで、銀行が再建に責任を持つという意思の表れです。それほどの取引先ではないと、倒産に備えて自らの被害を最小限にしようとします。長期貸出を短期に切り替えるのはその一環です。短期貸出にしておけば、臨機応変に行動でき、借り換えに応じないということもできます。

そんなことをされたら企業は一大事ね。どうするの？

経営者は金策に走らなくてはならない。業績を回復させる力がなく、本当に内容が悪い企業の場合でも、窮状を利用して会社を支配しようとする人々が増資に応じたりすることがあるんだよ。その場合は市場を利用したカネ儲けが目的の支援なので、会社再建はいつまで経っても実現せず、低迷したままになったりする。こうしたケースで新株引受権付社債が使われることもある。

ワラント債と呼ばれるやつね。

新株の発行価格は株式の時価より低く設定され、引受者は株式を受け取り、会社はこれで資金繰りをつける。無理な資金調達をして銀行借り入れをなくしても、業績が上向くことはまずないね。

そうした増資などもあって、大株主構成がガラリと変わることがあるのね。

支配目的の新株主は、既存株主が売却する株式を積極的に買う傾向があり、こうした場合、株主構成は激変する。かつては大株主として自社の役員、銀行、取引先が並んでいた会社でも、業績低迷の過程でバックボーンのよくわからない会社が上位を占めるようになり、筆頭株主が突然変わったりすることがある。これほど劇的でなくとも、左前になった会社のメイン銀行や創業一族は少しずつ持ち株を売却する傾向があるんだ。

ババをつかむのが情報量が不十分な個人株主だとしたら心配だ。

# 4 上場子会社への投資にご用心

➡ 納得できない比率で親会社株式と強制的に交換された例も

日本では上場会社の子会社も上場できます。**日本の上場会社の約1割が上場子会社です。**信用度の高い会社の子会社への投資なら安全確実と思われがちですが、実は大間違い。上場子会社への投資にはリスクもあります。

取引所は上場審査に際し親会社からの独立性を厳しく審査していると言いますが、**親会社は必要に応じてあっさりと株式交換による完全子会社化や経営統合を行ってしまいます。この時の株式割当比率は、必ずしも少数株主の納得のいくものではなく、訴訟になったケースもあります。**

右図のケースは訴訟にはなりませんでしたが、親会社の戦略転換で少数株主が不利益を被った一例です。リコーは大型複写機の開発・生産子会社の東北リコーを2000年3月に上場させましたが、3年後に株式交換で完全子会社としました。リコーは上場時に株式売却益10億円を手にし、完全子会社化した時に1株純資産のほぼ半値で株式を交換しています。交換した時の株価は市場実勢に応じて決まるとはいえ、解散価値を下回る条件ですから少数株主が割りを食いました。これら一連のできごとは親会社の都合であり、取引所はそれを止められないのです。

英米では上場後も親会社が支配権を握る子会社上場は原則としてありません。あるのは親会社が持ち株を放出し、上場時点で親会社でなくなるスピンアウトといわれる方式です。**英米で親子上場がないのは、親子の利益が必ずしも一致しない状態すなわち利益相反を厳しく問われるためです。**

利益相反の典型例はNTTとNTTドコモです。ドコモが伸びるとNTTの固定電話が縮小します。連結だからNTTにもプラスになるというのは帳簿上の話で、仮に連結業績が好調だからその分を増配するとなると、NTTはドコモから子会社配当という形で資金を吸い上げなくてはなりません。その額によってはドコモに不利益となる恐れがあります。

親子上場で利益相反が発生するのは予想されることでした。取引所がそれに目をつぶったのは、市場の設置者として上場会社を増やしたかったか

## 親子上場の例

### ●上場子会社を巡る戦略転換の例

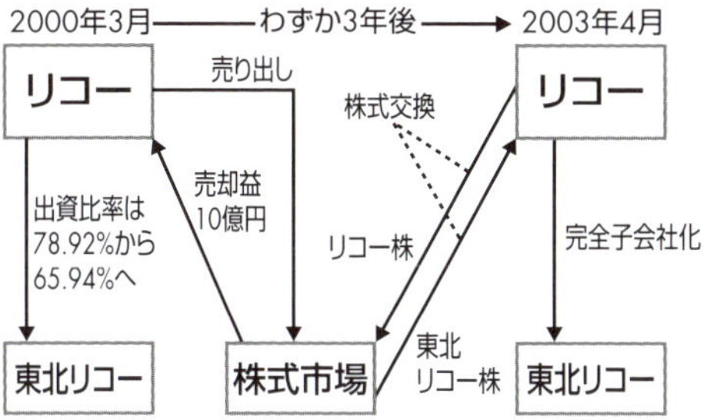


〈例：東北リコー〉

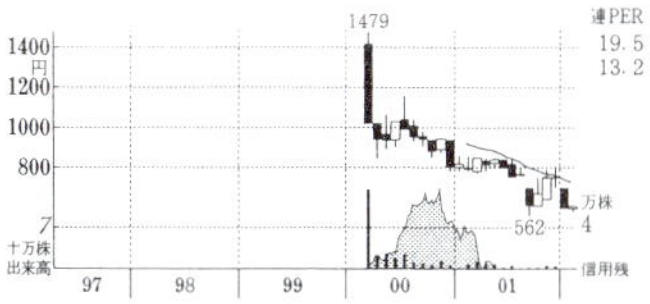


リコーは1株純資産1,222円の東北リコーを1株650円強で手中に。理論的には会社を解散したほうが少数株主にはプラス

（出所）『会社四季報』02年春号

### ●間接保有も含めて株式シェアが過半数を占める例

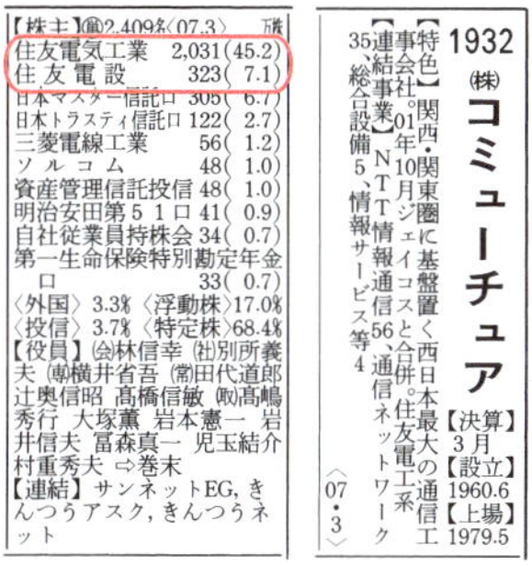
【株主】㊫2,409名〈07.3〉　万株
住友電気工業　2,031(45.2)
住友電設　323( 7.1)
日本マスター信託口　305( 6.7)
日本トラスティ信託口　122( 2.7)
三菱電線工業　56( 1.2)
ソルコム　48( 1.0)
資産管理信託投信　48( 1.0)
明治安田第５１口　41( 0.9)
自社従業員持株会　34( 0.7)
第一生命保険特別勘定年金口　33( 0.7)
〈外国〉3.3％〈浮動株〉17.0％
〈投信〉3.7％〈特定株〉68.4％
【役員】㊎林信幸 ㊓別所義夫 ㊕横井省吾 ㊔田代道郎 辻奥信昭 髙橋信敏 ㊗髙嶋秀行 大塚薫 岩本憲一 岩井信夫 冨森真一 児玉結介 村重秀夫 ⇨巻末
【連結】サンネットEG，きんつうアスク，きんつうネット

1932
㈱コミューチュア
【特色】関西・関東圏に基盤置く西日本最大の通信工事会社。01年10月ジェイコスと合併。住友電工系
【連結事業】NTT情報通信56、通信ネットワーク35、総合設備5、情報サービス等4〈07・3〉
【決算】3月
【設立】1960.6
【上場】1979.5

### ●実質支配力基準の例

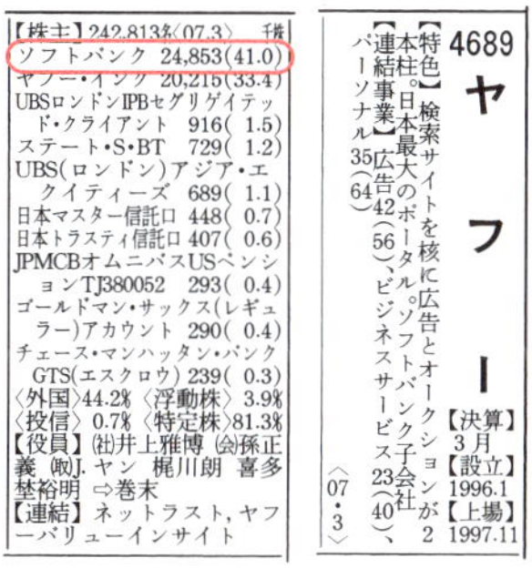
【株主】242,813名〈07.3〉　千株
ソフトバンク　24,853(41.0)
ヤフー・インク　20,215(33.4)
UBSロンドンIPBセグリゲイテッド・クライアント　916( 1.5)
ステート・S・BT　729( 1.2)
UBS(ロンドン)アジア・エクイティーズ　689( 1.1)
日本マスター信託口　448( 0.7)
日本トラスティ信託口　407( 0.6)
JPMCBオムニバスUSペンションTJ380052　293( 0.4)
ゴールドマン・サックス(レギュラー)アカウント　290( 0.4)
チェース・マンハッタン・バンクGTS(エスクロウ)　239( 0.3)
〈外国〉44.2％〈浮動株〉3.9％
〈投信〉0.7％〈特定株〉81.3％
【役員】㊓井上雅博 ㊎孫正義 ㊗J.ヤン 梶川朗 喜多埜裕明 ⇨巻末
【連結】ネットラスト，ヤフーバリューインサイト

4689
ヤフー
【特色】検索サイトを核に広告とオークションが2本柱。日本最大のポータル。ソフトバンク子会社
【連結事業】広告42(56)、ビジネスサービス23(40)、パーソナル35(64)〈07・3〉
【決算】3月
【設立】1996.1
【上場】1997.11

らでしょう。一方の会社側には知名度向上、社員のモラールアップ、市場からの資金調達などのメリットがありました。**子会社上場にもそれなりの合理性はあったのですが、上場会社の事業再編が加速する中で矛盾が目立ってきました。**再編の際に、納得の行く割当比率になる保証がないなどのことは、上場子会社への投資に際して知っておくべきでしょう。

『四季報』の【株主】欄を見て、法人である筆頭株主の持分比率が過半ならば上場子会社です。ただ、親会社がグループ全体で過半数を持っている場合や、親会社との兼務取締役数など実質支配力基準で親子関係がある場合はわかりません。怪しいと思ったら、有価証券報告書を確認しましょう。子会社であれば、その旨が明記してあります。

実戦ドリル

# 4 上場子会社が増える理由

99年の商法改正が企業再編を後押し

Q

次の表は上場子会社数のランキングです。１位のＡ社、２位のＢ社を当ててください。ヒントは、Ａ社は証券コード6000番台、Ｂ社は小売業、です（時点は各社本決算期末。最新は07年３月期）。

| 順位 | コード | 親会社 | 上場子会社数 | | |
|---|---|---|---|---|---|
| | | | | 子会社数 | 孫会社数 |
| 1 | 6??? | A | 22 | 15 | 7 |
| 2 | （小売業） | B | 16 | 16 | 0 |
| 3 | 6702 | 富士通 | 9 | 9 | 0 |
| 3 | 8001 | 伊藤忠商事 | 8 | 8 | 0 |
| 5 | 7751 | キヤノン | 7 | 4 | 3 |
| 6 | 5801 | 古河電気工業 | 6 | 5 | 1 |
| 6 | 5802 | 住友電気工業 | 6 | 6 | 0 |
| 6 | 7203 | トヨタ自動車 | 6 | 6 | 0 |
| 6 | 8270 | ユニー | 6 | 6 | 0 |

A

ヒントがあったので簡単だったでしょう。Ａ社は6501日立製作所、Ｂ社は8267イオンです。

単純に上場子会社数だけを比較すると差はないけど、日立は上場孫会社がずいぶんあるのね。

日立は子会社上場に最も積極的な会社の一つとされる。業績が好調なら子会社の経営には干渉しないようだ。

以前、松下電器産業の子会社がたくさん上場していた記憶があるけど、あの子会社はどうなったのかしら。

松下は02年に松下通信工業、九州松下電器など４上場子会社を株式交換で完全子会社化した。松下も子会社に口出ししない方針だったが、グループ効率の観点から完全子会社化し、その後グループ経営体制を刷新しているんだ。

上場子会社があると、なぜグループ経営が効率的でなくなってしまうと言われるの。

支配権を持っていても、他の株主が相当数いる以上、親会社の好き勝手にはできません。そうなると根回しなどに時間がかかってしまい、経営のスピードも落ちます。「選択と集中」が言われ始めて久しいけれど、99年の商法改正は、自己株を利用した株式交換、株式移転による経営統合を可能にしたことで、企業再編をやりやすくしたんだ。松下の経営統合はその一例です。

2位のイオンも日立のように子会社上場に積極的だったのかしら。

確かにイオンクレジットやイオンモールのように、子会社を上場させていますが、それだけではありません。マックスバリュ中部、マックスバリュ北海道、オリジン東秀などのようにTOBによって子会社としたものもあります。「選択と集中」はグループ内部の再編だけでなく、M&Aも促しています。

日本電産は買収で上場子会社が増えている典型例ですね。

そう。日本電産の永守重信社長は業績低迷企業の株式を買い取り、再構築して利益体質にするという手法を採っています。また、外食のゼンショーもM&Aで上場子会社を増やしています。

今後は松下のように上場子会社の完全子会社化が進むのかしら。

上場させておいて不都合がなければ、あるいは完全子会社化するメリットが大きくなければ、わざわざ完全子会社化はしないだろうね。これは会社によって事情が異なりケース・バイ・ケースです。ただ、海外の株主からは親子上場を問題視する意見も多く、“外圧”によって完全子会社化が進む可能性はあります。

# 5 利益調整と粉飾決算の違い

➡「利益は意見、キャッシュは事実」。P/L には会計的裁量の余地

銘柄選びにいくら注意を払っても、会社が意図的に会計上の不正を働けば外部から見破ることは難しいのが実情です。07年に発覚した加ト吉の循環取引のように、実際に商品も動かしている架空取引はまず見抜けません。それでも合法的な利益調整と違法な粉飾決算の違いを知っておくことは有意義です。

現代の企業会計は発生主義会計で、これは実際の現金の出納とは一致しません。発生主義会計では、製品を買い手に納品して代金の受け取りが翌期になっても納品した決算期の売上となります。費用も、減価償却費に代表されるように必ずしも出金があった決算期にすべてを計上するのではなく、合理的理由があれば翌期以降に繰り延べできます。

結果、発生主義会計は売上、費用を平準化するわけですが、売上や費用の計上を律する会計基準は許容範囲が広いため、経営者の裁量の余地が大きくなっています。

こうした裁量も会計基準に則っていれば合法で、利益調整と呼ばれます。裁量の利かせ方によって、守備的利益調整、適度な利益調整、攻撃的利益調整に分かれます。守備的利益調整は費用を過大に見積もるもので、別名「ビッグ・バス（大きな風呂）」と呼ばれています。前倒しで垢（費用）を落とすイメージです。引当を大幅に積んで大赤字を出し、翌期のV字回復を演出したゴーン氏就任時の日産自動車がその典型例です。適度な利益調整は多くの企業がしています。

攻撃的利益調整は、費用を過小に見積もるなどして利益を大きく見せるもので、この別名は会計操作です。利益を大きく見せる誘因としては、赤字回避、株価維持、銀行取引継続などがあり、つまりは経営危機に瀕している企業が使いがちです。このため、須田一幸・早稲田大学大学院ファイナンス研究科教授は「粉飾決算に近い利益調整」としています。

そして会計基準の枠を超えて利益調整をしてしまうと粉飾決算になりま

## 会社の会計には裁量の余地がある

| | | 会計手続きの選択 |
|---|---|---|
| 守備的利益調整 | 遵守 ↑ | 引当金の過大計上<br>リストラ費用の過大計上<br>減損損失の過大計上 |
| 適度な利益調整 | | 合理的な期間損益計算のもとで実施される利益平準化の手続き |
| 攻撃的利益調整<br>＝粉飾決算に近い利益調整 | | 引当金の過小計上<br>減損損失の過小計上<br>棚卸資産の過大評価 |
| 会　計　基　準 | | |
| 粉飾決算 | ↓ 違反 | 架空売上の計上<br>架空棚卸資産の計上<br>引当金や減損損失の非計上 |

過去有名な粉飾決算
山陽特殊鋼
不二サッシ
リッカー

近年の粉飾事例
長銀
カネボウ
ライブドア
森本組

（出所）須田一幸、山本達司、乙政正太編著『会計操作』（ダイヤモンド社）22ページ図を参考に作成

す。会計操作と粉飾決算の近接性を見るに、過去の粉飾決算会社の多くは最初から粉飾に手を染めたわけではなく、会計操作がエスカレートしたものと思われます。その意味で、粉飾決算前段階の会計操作実施会社を見分けることが重要です。

しかし、これは言うは易く行うは難し、です。「利益は意見、キャッシュは事実」という慣用句があります。利益は会計的裁量の余地があるという意味で会社の「方針＝意見」であるのに対し、現金出納の結果の残高はごまかせないという意味です。それが本当ならばキャッシュフロー計算書を見ればいいのですが、粉飾する側は経理のプロですから、そう簡単に馬脚を現したりはしません。05年に粉飾が発覚したカネボウのキャッシュフローを損益計算書と比べても特に違和感はありません。

ただ、**『四季報』の記者のように、ある企業を数年にわたって定点観測を続けていると、その利益の出方に納得がいかないということがたまにあります。徹底的に取材をしてもそうした不可解さが残る場合、記事中でそのことに触れ、読者に警告を発するようにしています。**

実戦ドリル

# 5 粉飾と棚卸資産

## 棚卸資産が増えると「利益」も増える

Q

会計操作、粉飾決算では棚卸資産が重要な役割を演じることがあります。過大評価や架空計上がなぜ利益を水増しすることになるのかを知るために、次の条件で売上原価を計算してください。

当期商品仕入高100億円、商品期首棚卸高30億円、商品期末棚卸高40億円

A

いきなり売上原価を計算しろ、なんて言われてもちんぷんかんぷんだわ。

まず売上原価と問題に出てきた３勘定科目との関係から説明しましょう。例題は小売業の場合です。毎期売れ残りがなければ、売上原価は当期商品仕入高と等しくなります。が、実際には期首に前期の売れ残り（商品期首棚卸高）があり、期末には当期の売れ残り（商品期末棚卸高）があるはずです。当期の販売可能商品はどう表せますか。

前期の売れ残りと当期の仕入れだから、商品期首棚卸高＋当期商品仕入高だね。

そうです。販売可能商品は期末には販売された商品と売れ残り商品に分類されます。販売された商品は売上原価が計上されたわけだから、商品期首棚卸高＋当期商品仕入高＝売上原価＋商品期末棚卸高という関係が成り立つんだね。

なるほどね。式を変形すると、売上原価＝商品期首棚卸高＋当期商品仕入高－商品期末棚卸高になるわ。30＋100－40で売上原価は90億円ね。

ご明算。ここからが本論です。なぜ、利益水増しに棚卸資産の過

大評価や架空計上が利用されるのでしょうか。

商品期末棚卸高が大きくなると、結果として売上原価が小さくなるから！

その通り。本当は売上原価が高いものが売れていても、棚卸資産を故意に大きくすることで利益を大きく見せることが可能になる。

棚卸資産は商品だけなの？

小売業では棚卸資産のほとんどが商品だ。製造業になると、製品、半製品、仕掛品、原材料が棚卸資産に含まれる。製造業の売上原価は、売上原価＝期首棚卸高＋当期製品製造原価－期末棚卸高で表される。この中の当期製品製造原価は、当期製品製造原価＝期首仕掛品棚卸高＋当期総製造費用－期末仕掛品棚卸高だね。ついでに、科目名が違う建設業では、完成工事原価＝期首未成工事支出金＋当期総工事費用－期末未成工事支出金となります。未成工事支出金が仕掛品に当たるんだよ。

『四季報』にはここまでに出てきた科目に一致するような項目はないわよね。

これらは決算書から拾うしかない。製造業には損益計算書とは別に製造原価明細書が付いているんだ。そこには当期総製造費用の内訳（材料費、労務費、経費）を含む当期製品製造原価が示されている。その他の業種では、損益計算書の売上原価の内訳として表示されている。ただし、これらの開示義務は単独決算にはあるけど連結決算にはないんだ。

会計操作や粉飾決算っていつまでも続けられるものかしら？

過大に見積もった利益を前提に配当したり、税金を払ったりするわけだから、最終的には現金面で帳尻が合わなくなる。常態化した会計操作や粉飾決算は、たとえ見破られなくても、実態との乖離（かいり）から早晩破綻するのは当たり前だ。面白いことに会社のいかがわしさは、自然と株価に反映されているものだ。鵜呑みにはできないけど、市場の噂にも注意したほうがいいというわけだね。

# 第5章

# この株、ホントはいくらなの？投資の成果は「株価分析」で決まる

# 1 PERから始まる株価分析

➡ PERは割安・割高判断の基本指標。過去や同業他社との比較を

株式投資の成功は、「安く買って、高く売る」という鉄則が実践できるかどうかにかかってきます。どんなに立派な会社に投資し、また将来の業績を的中させたとしても、買い時、売り時を間違えれば、儲けを手にすることはできません。投資にとって最も重要となるこうした株価の割安・割高判断を「株価分析」と呼びます。

**株価分析において、最も基本的であり、かつ重要な指標がPER（株価収益率、Price Earnings Ratio）です。PERは株価を1株当たり利益で割ったもので、単位は「倍」となります。**

PERの意味するところは明らかです。たとえば株価が1,000円で、毎年1株当たり利益を100円稼ぐ会社に投資する場合、1,000円という当初の投資額は10年で回収されます。すなわち**PERとは、今の株価が織り込む投資回収期間であり、低ければ低いほど投資家が利益という形で投資を回収する期間が短くてすむ安全な投資と言えます。**

PERを使った投資の成功例は次のようなものです。この例で、ある投資家が「この株のPERは10倍でなく15倍が妥当だ」と判断していたとします。この場合、会社の本来価値1,500円（＝1株当たり100円×妥当と考えるPER15倍）に照らして、今の株価1,000円は割安と考えられます。株式市場の見方が変化してPERが15倍に上昇するならば、この投資家は500円の値上がり益を手にすることができます。

となると、PERの低い株に投資すれば確実に儲かるように思われるかもしれませんが、そう簡単ではありません。PERは「先行きの利益が今と変わらないならば」という前提で計算されています。株式市場の見方が「過去の実績が不安定だ」、「先行きの業績に不透明感がある」といったネガティブな会社では、PERはそういったリスクを織り込んで低下します。PERが割安な銘柄はそれなりの理由を抱えているものです。

では、こういった評価も踏まえたうえで、個々の銘柄について適切な

## 2期分の予想PERが株価分析の基本になる

〈例：7203 トヨタ自動車〉

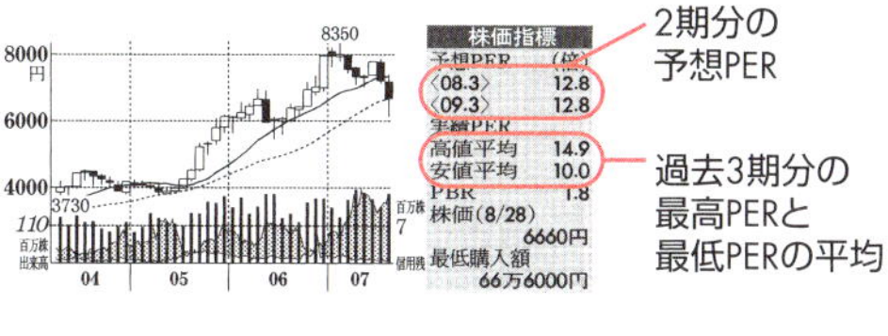


$$\text{PER} = \frac{\text{株価}}{\text{1株当たり利益}}$$

よって

**株価 ＝ 1株当たり利益 × PER**

PERを求める方法があるのでしょうか。**ここで役立つのが、過去の水準や同業他社のPERを参考にするという「相対評価」の視点です。**

『四季報』では、チャート欄の右横に、その銘柄の2期分の「予想PER」と3期分の高安平均の「実績PER」を掲載しています。予想PER欄の上段は、直近の株価を『四季報』の今期予想1株益で割ったもので、下段は同じ株価を来期予想1株益で割ったものです。実績PERでは、過去3期の最高PERの平均を「高値平均」、最低PERの平均を「安値平均」としています。最高PERは各決算期の最高株価をその期の実績1株益で割ったもので、「安値平均」は最低株価で同じ計算を行ったものです。たとえば直近のPERが「高値平均」に近づいていれば、「そろそろ売り時かな」といった目安に使えます。

同業他社とPERを比較してみることも欠かせません。前述の「過去の実績が不安定だ」といったリスクや、逆に「将来は高成長も見込まれる」といった期待感は、その会社特有の事情だけではなく、業種共通の要因に基づくことも多いものです。同じような事業環境にある同業他社と比較することは、妥当なPERを推定するヒントとなります。

PERを活用する投資の基本は、市場が見落としている割安な銘柄を発掘し、PERの水準訂正を待つものです。さらに**その会社の1株益が成長を続けるならば、1株利益の増加および成長期待を反映したPERの拡大という形で、その投資成果は一段と大きくなる可能性があります。**

実戦ドリル

# 1 赤字会社のPERを計算する

## 基準となる1株利益が実力見合いか確認しよう

Q

次のA社の08年3月期予想に基づくPERを計算してください。なお、この会社の現在の株価は360円です。また08年3月期の最終利益が赤字予想となっているのは、建物など遊休資産を処分した際に、特別損失が発生したためです。

| 【業績】(100万円) | 売上 | 営業利益 | 経常利益 | 利益 | 1株益(円) |
|---|---|---|---|---|---|
| 07年3月期 | 10,000 | 500 | 500 | 300 | 30.0 |
| 08年3月期予想 | 11,000 | 600 | 600 | ▲100 | ▲10.0 |
| 09年3月期予想 | 12,000 | 700 | 700 | 420 | 42.0 |

A

PERは計算できないんじゃない？　PERって、株価を1株当たり利益で割るものでしょ。この08年3月期予想によると、1株益は10円の赤字だし。投資雑誌なんかを見ても、赤字会社のPERは空欄とか「－」とかになっているけど……。

よく勉強しているね。ただ、ここで今期利益予想がマイナスだからといって、この会社を最初から投資対象外としてしまうのはもったいないかもしれないよ。今期は最終利益こそ赤字になっているが、その原因は遊休資産の処分という臨時的なもの、一時的な要因と考えることもできる。もしも、この特別損失がなかったら、08年3月期の予想1株益はいくらになると思う？

07年3月期も09年3月期予想も経常利益に対する最終利益の割合は6割ね。だったら、08年3月期の経常利益が600百万円だから、税金などの負担を例年と同じく4割とすると最終利益は600×0.6で360百万円。1株益は36円になるわ。

そのとおり。PERは株価360円÷1株益36円で10倍。ひょっとしたら、割安でお買い得かもしれないよ。

ということは、逆に臨時的な要因で１株益が膨らんでいる場合は、PERは実力以上に低くなるということですか？

いいところに気がついた。PERは株価を１株当たり利益で割って求めます。ただ、その利益が企業の本来の実力に見合ったものか、一時的なものかどうかは、確認しないといけないね。

私、株を始めたばっかりのころ、PERが３倍の株を「あっ、この会社、割安！」と思って買って損したことがある。後から気づいたんだけど、特別利益がすごく大きかったみたい……。

では、応用問題です。PERは低いほうが株価は割安と判断できる。でも、会社によっては、むしろPERが高い時が買い入れタイミングということがある。なぜだかわかる？

赤字でなくても、１株益がその企業の収益力を正しく示していないことがある……ということですか？

そうなんだ。たとえば、景気の良し悪しによって、業績が大きくぶれてしまう「景気敏感株」と言われる会社がある。紙・パルプ、化学や鉄鋼といった素材産業や工作機械などの設備投資関連企業などがこれに当たる。こうした会社の中には、景気が悪いと業績が落ち込んで、赤字でなくても、利益がすごく低い水準になってしまうものがある。その時の予想PERは、１株益が小さいので高くなってしまう。でも、いったん景気が低迷を脱する兆しが見えると、将来の収益回復に対する期待感はほかの会社よりも大きいわけだから、株価もこれを先取りして力強く上昇する傾向がある。こういった会社は、業績がどん底でPERが高い時が逆に絶好の投資タイミングとなったりするんだ。こういった景気敏感株については、年足などの長期の株価チャートとその時々の業績、PERを見比べて、売買のタイミングを研究してごらん。PERを用いた割安、割高判断も、奥が深いということがわかったかな？

# 2 PBRが示す割安度とは

➡ 株価を1株純資産で割ったPBRは1倍割れが割安判断のメド

PERと並んで株価の割高・割安を判断する指標として大事なのがPBR（株価純資産倍率、Price Book-Value Ratio）です。PBRは株価を1株当たり純資産で割って算出します。ここで純資産とは、総資産から負債を引いたもので、株主に帰属する資産を表します。PBRは株価が帳簿上の1株当たり純資産の何倍まで買われているかを示しており、単位は「倍」です。

PERを用いた株価評価では、「PERが何倍であれば割安」「この株のPERは何倍が妥当」といった絶対的な水準の目安はありませんでした。これに対して、PBRでは「1倍より高いか、低いか」が割安度合いを判断する一つのメドとなります。PBRの計算式では分子が株価、分母が1株当たり純資産となりますが、この分母は、企業が解散した場合に株主の手元に残るおカネ（＝1株当たりの「解散価値」）と考えられるからです。PBRが1倍を下回っている銘柄では、理屈のうえではその企業を買収して解散し、負債を返済すれば、投資額以上のおカネが戻ってくることになります。しばしば、PBRの1倍が株価の下値のメドとして意識されるのは、このためです。

『四季報』では、誌面上方の株価チャートの右横にPBRを掲載しています。計算式は「直近の株価÷直近決算期（本決算または中間決算）の1株純資産」です。ただし、1株純資産がゼロ以下、PBRが1,000倍以上の場合は数値を計算していません。

会計ビッグバンを契機として、時価会計や減損会計などの導入によって企業が抱える含み損が顕在化され、各社のバランスシートはより実態を反映したものになってきています。こうしたPBRの信頼性を高める動きも手伝って、ここ数年、株式市場でPBR1倍割れ企業への投資が人気化することが、何度かありました。

ITバブルの崩壊を受けて、03年4月の安値に向けて日経平均株価が下降をたどる中、金融機関の経営不安の高まりとともに、財務面が脆弱（ぜいじゃく）と

## PBRの1倍が割安度合いの一つのメド

〈例：5013 ユシロ化学工業〉

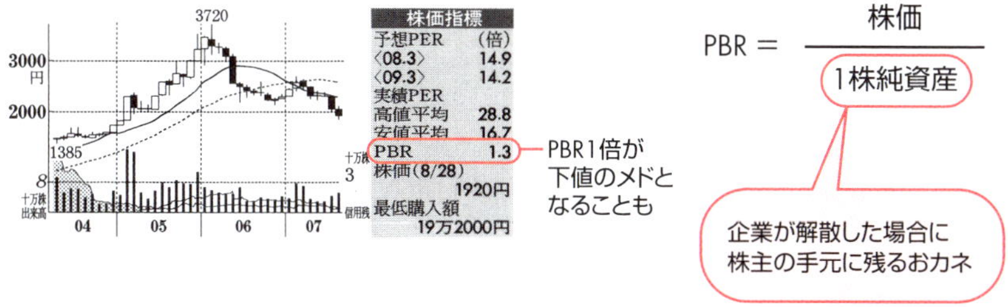


（注）１株純資産＝純資産（優先株式の発行価額や少数株主持分等は控除）÷発行済み株式数

される多くの銘柄のPBRが1倍を下回りました。ところが金融不安が後退し、実体経済におカネが目詰まりなく行き渡ることが期待されるようになると、こうした割安株は大きく買い上げられました。金融の正常化で財務面の不安が和らぐといった見方に加え、デフレ見通しの後退から、土地や有価証券など保有資産が値上がりするのではないかとの思惑で、企業の財産価値を基準とするPBRが割安な会社への注目が集まったのです。

PBRが重視されるもう一つのテーマがM&Aです。ここで思い出されるのが、03年12月に米国系投資ファンドであるスティール・パートナーズが、毛織物染色大手のソトーと金属加工油剤首位のユシロ化学工業に同時に仕掛けた敵対的TOBです。両社はともにPBRが1倍割れと株価が割安に放置されており、また現預金や投資有価証券という形で余分なキャッシュをため込んでいました。スティール・パートナーズといったファンドの動きによって、PBRが割安でかつ「キャッシュ・リッチ」（手元の現金同等物が豊富）である企業は、買収ファンドなどのM&Aの対象として魅力的だといった認識が投資家に浸透したのです。

株価は将来の利益見通しを反映して動くものであり、割安判断においても、まず収益性から見た株価の評価指標であるPERが優先されます。ただ、投資判断はさまざまな視点を踏まえて総合的に行うものです。**PERに加えて、会社の純資産、財務内容を基準とするPBRを併せて用いることで、株価の割安・割高判断の精度をより高めることが可能となります。**

実戦ドリル

# 2 低 PBR 銘柄の死角とは？

## PBR の高低は会社の経営能力を示す

Q

PBR の使い方について、次の選択肢の中から最も適切なものを選んでください。

① PBR が 1 倍を割り込んでいる会社は、迷わず「買い」だ
② PBR は同業他社との相対比較は必要ではない
③ PBR が 2 倍以上の割高銘柄は投資対象として不適格だ
④ PBR は PER と併せて用いることが適当だ

A

これ、はっきり言ってひっかけ問題でしょ？　全部正しそうに思えるんだもの。

正解は④だよ。投資判断は、さまざまな視点を踏まえて総合的に行うものなんだ。純資産と株価を比べる PBR は、収益性の点から株価を評価する PER と併せて用いることで、割安判断の精度をより高めることができるんだ。

ということは、逆に PBR だけでは、割安とみなすのは危険ということですか？

そういうこと。PBR が割安の会社には、それなりの理由があると思って腰を落ち着けて調べたほうがよい。たとえば、赤字続きで経営破綻の恐れがある場合、将来、1 株純資産がさらに赤字で食い潰されるリスクがあるのだから、PBR が 1 倍割れでも単純に割安とは言えない。①の「迷わず『買い』だ」はとんでもないね。

だったら、会社の安全性を見る指標、株主持分比率などでチェックするのはどうかしら。倒産しそうにないと判断できるなら、割安だから買ってもよいでしょ？

残念ながら、そうとも言えない。「万年割安株」っていう言葉を

**知っているかい？　つぶれないから、いずれ株価が上昇してPBRが１倍を超えるはずだ、という保証はどこにもないよ。**

建設業などいくつかの業種では、昔からずっとPBR1倍割れという会社が多いように思います。今、気づいたんですが、PERと同じように業種によってPBRの高低があるということですか？

**さすがだね。PBR1倍割れの会社が多い業種は、その業界の経営環境を投資家がネガティブに見ていることが多い。PBRでも同業他社と比較することも必要になってくる。だから②も誤りだ。**

③はどうなのかしら？　PBRが2倍、3倍とかって、どう考えても割高だと思うんだけど……。

**PBRの定義を思い出してごらん。株価を帳簿上の１株純資産で割って計算する。でも、会社の「経営資源」や「強み」がすべて帳簿に載っているかい？**

確かに、私が使っている化粧品の会社だと、その会社に対して感じている信頼感やブランド力は、帳簿には載ってないと思うわ。

会社は、「ヒト」、「モノ」、「カネ」、「情報」などで成り立つと言いますけど、帳簿上は「ヒト」は保有できないから資産でなく、人件費などの費用ですよね。たとえば、トヨタ自動車の強みである「カンバン方式」などのノウハウ、組織力もそのまま純資産には計上されるものではないと思います。

**PBRの意味合いをもう一度、よく考えてみよう。PBRが１倍割れの会社は、今後純資産が減っていくと株式市場が評価している銘柄だ。逆にPBRが高い企業は、ブランドやノウハウなどの高い評価が反映されていることも多い。その意味では、PBRとは会社の経営力に対する株式市場の評価とも言えるんだ。ただ単に数字の高低だけでなく、同業他社との比較や定性的な分析も踏まえてPBRの高低を判断できるようになれば、銘柄選別の確実性はぐっと上がってくるだろうね。**

# 3 株主の投資採算を表す PER

➡ PER は投資の回収期間だけでなく利回りを表すという意味も

PER は株価を1株当たり利益で割ったもので、今の株価が何年分の利益を織り込んでいるか、投資の回収期間を示す基準です。ここではPERのもう一つのとらえ方を説明します。**PER の逆数（1÷PER）を考えてみてください。これは、株主に帰属する1株益を、株主になるために支払う投資額である株価で割ったもので、「益回り」と呼ばれます。**

たとえばPERが20倍の株であれば益回りは5%（＝1÷20)、PERが10倍なら益回りは10%（＝1÷10）となります。投資回収期間が「10年」と言っても、いま一つピンとこなかった読者の方も、利回り採算が「10%」と聞けば、より具体的に個々の銘柄の投資魅力度、割安度合いがイメージできるのではないでしょうか。

ゼロ金利政策が解除されたと言っても、預金金利はまだまだ低く、株式と同じく長期の投資対象となる長期国債の利回りも、せいぜい2%前後といったところです。これに対して、たとえばPER10倍の株がもたらす益回り10%は極めて妙味が高いように見えます。ただ国債などへの投資では受け取れる利息額が確実であるのに対し、株式の利益は異なります。毎期毎期の利益額が変動するだけでなく、会社が破綻すればそこで利益は途切れていまいます。**株式の益回りが債券利回りなどよりも高いのは、こうしたリスクに見合う「上乗せ利回り」を株式投資家が要求しているため**で、専門的にはこれを「株式リスクプレミアム」と言います。

ここで金利が上昇すれば、株に対する上乗せ利回りが変わらない限り、株式の益回りはその分だけ高くなります。益回りの上昇はその逆数であるPERの低下（＝株価の下落）を意味します。金利が上がれば株価は下がることや、**株式の割安度合いや評価は債券などほかの投資対象との相対的な関係によって決まってくる**ことが、理解できたのではないでしょうか。こうしたことから、益回りは株式市場全体の水準を判断する時に、しばしば使われます。株式市場全体としての益回りと債券利回りの差である

## PERを見れば株主の投資採算がわかる

### PERの意味とは？

① PER ＝ 株価 ÷ 1株利益 ➡ 利益という形での投資（株価）の回収年数

② $\frac{1}{\text{PER}}$ ＝益回り＝1株利益 ÷ 株価 ➡ 投資（株価）に対する見返り（利益）の利回り

### たとえばPERが10倍の株では

益回り＝1 ÷ 10＝10％ ⇔ 銀行預金や長期金利との比較が可能になる

⬇

**株の利回りが高いのは、それだけリスクも高いから**

「イールドスプレッド」の過去から見た水準や推移が注目されます。

最後に、妥当な株価を算出するに際に利用される基本的な計算式である「配当割引モデル」（Dividend Discount Model、略して DDM と呼ばれる）を紹介します。

債券投資家が利息を受け取るように、株式投資家は株主に帰属する１株益を最終的には配当という形で受け取ります。ここで毎期の配当として「$D$」円を期待できる株があり、この株に対する投資家の要求する利回りが「$k$」％であるとき、理論上では株価「$P$」は次のように計算されます。

$P = D \div k$

債券の場合には、「要求する利回り（要求収益率）＝利息÷債券価格（投資額）」となります。この式を変形すれば、「債券価格＝利息÷要求する利回り」となることから、株式についても上記の計算式が導き出されることが理解できるでしょう。たとえば、**将来にわたって100円の配当を期待できる株について、要求収益率が10％であれば、配当割引モデルで計算される株価は1,000円（＝100÷0.1）となります。**

実戦ドリル

# 3 成長株の株価はこう求める

## わずかな成長見通しの違いで株価は大きく動く

Q

長期国債利回りが現在2%であるとします。次の会社の株価を求めてください。なお、株価は「配当割引モデル」（右ページを参照）に従うとします。

A社：配当50円、長期国債に対する上乗せ利回りは3%

A

配当割引モデルだと、株価＝配当÷要求収益率となるから、A社の株価は50円÷(0.02+0.03)(5%)＝1,000円。簡単だわ。

A社の要求収益率は、長期国債利回りの2%に上乗せ利回り3%を加えて5%。ここがポイントだったね。

でも、配当がずっと同じ会社なんて実際にはないと思いませんか？　成長企業だったら、配当も増えていくと考えたほうが……。

じゃあ、配当が増える場合の株価の計算式を教えよう。配当が$D$、要求収益率が$k$、ここで配当が毎期$g$で成長するとします。株価は$D \div (k - g)$となります。ついて来られたかな？

最初からついて行けません……。ちゃんと説明してください。

高校の数学の範囲だけれど、結論は単純でしょ？　こういうのは、具体例を使って体で覚えれば、そのうちわかるようになる。最初の例で、A社の配当が3%成長したら、株価はどうなる？

長期国債2%に上乗せ利回り3%を加えて要求収益率は5%。分母は5%から成長率の3%を引いて2%だから、A社の株価は50円÷0.02(2%)＝2,500円。こんなに高くていいのかしら？？

成長株という前提を加えただけで、株価が一挙に1,000円から2,500円へとぶっ飛びました！！　でも、せっかく教えていただいたのに恐縮ですけれど、配当が一定で成長するというのも、

配当が$D$、その株に投資家が求める利回り（要求収益率）が $k$（%）の時

$$株価P=\frac{D}{k}$$

ここで要求収益率 $k$=長期債利回り+株の上乗せ金利

さらに配当が年率$g$（%）で成長するとき

$$株価P=\frac{D}{k-g}$$

ここで1株益を$E$とすると

$$PER=\frac{P}{E}=\frac{D/E}{k-g}$$

したがって
①長期債利回りが低い
②株の上乗せ金利が低い
③成長率が高い

ならば
PERは、高くてもよい

ちょっと現実的ではないと思います。実際には無配の会社もあるし、そもそも配当を将来にわたって予想すること自体が難しいです。

恐縮することはないよ。疑問はもっともだ。実際、プロの投資家も配当割引モデルをそのまま使うことはせず、これを応用した株価算出式を使うことが多い。もし興味があれば、『四季報』の別冊で、同時に発売されている『会社四季報プロ500』の「理論株価」の解説を参照してごらん。これが一つの応用例だよ。

勉強になります。で、本日のポイントは？

個人投資家だけでなく、プロの投資家でも株価分析はPERから始まる。PERがそれだけ使い勝手がよいということだね。PERの使いやすさは、株価を表すモデルとして、いろんな前提を簡略化していることの裏返しでもあるんだ。今日、配当割引モデルを紹介したのは、PERが簡略化した前提がどのようなものかを知ってほしかったから。成長見通しを少し変えただけで、求める株価が大きくジャンプしたのがこの一例だ。どれだけ深くPERの使い方に習熟できるかが、株価判断のポイントと言ってもいいくらいだよ。PERと配当割引モデルの関係をメモしてあるので、十分に勉強しておいてね。

# 4 投資指標の使い分けを学ぶ

➡ 銘柄によってはPER、PBR以外の投資指標が割安分析に役立つ

会社によっては、PERとPBRに加えてそれ以外の投資指標を併用することが、株価の割安・割高分析に大いに役立つことがあります。ここでは代表的な投資指標を紹介し、使い方の留意点を解説します。

1株当たり配当額の株価に対する割合を「配当利回り」と言います。『四季報』では、【配当】欄に「予想配当利回り」を掲載しています。発売後最初に迎える決算期である今期の年間予想配当額を掲載時の直近株価で割って、パーセント表示したものです。【業績】欄の利益数字と同様に、『四季報』では配当も独自予想であり、会社発表の配当計画と異なる場合があります。

**配当利回りの投資指標としての注目度は、近年、再び高まりを見せています。**株式の持ち合い解消が進み、外国人や個人株式投資家が存在感を高めるなかで、企業の株主還元に対する意識が変わってきたことが背景にあります。右肩上がりの経済が終焉（しゅうえん）を迎えたことで、採算性の低い設備投資に資金を使う会社や、使うあてのないおカネをため込む会社に対して、株式市場は厳しい視線を向けています。国際水準から見れば、まだ日本企業の株主還元には向上の余地がありますが、ようやく配当利回りで投資採算を検討できる銘柄が増えてきたことも事実です。**配当利回りの高い銘柄は、株式相場が低迷する局面でも、利回り面からの魅力がクッションとなって株価が下げ渋る傾向があります。**

株価が1株当たりキャッシュフロー（CF）の何倍まで買われているかを示す「株価キャッシュフロー倍率」（PCFR、Price Cash-Flow Ratio）も注目の指標です。CFの計算方法にはさまざまな方法がありますが、最終利益に減価償却費を加える方法がよく用いられています。企業活動の目的は利益の獲得ですが、利益の増加は最終的にはキャッシュの増加につながります。**キャッシュの裏付けがないまま利益を膨らませている会社、成長を続けている会社は、業績見通しが突然悪化したり、さらには事業モデ**

**会社の特徴や使用目的に応じて投資指標を使い分けよう**

| 計算式 | 使用例 |
|---|---|
| 配当利回り ＝ $\frac{\text{1株配当}}{\text{株価}}$ | 株価下落局面では配当利回りの高い銘柄が下げ渋ることも |
| 株価キャッシュフロー倍率 ＝ $\frac{\text{株価}}{\text{1株キャッシュフロー}}$ | キャッシュ（現金）の裏付けのある割安企業の発掘、会計基準の異なる海外企業との比較も |
| 株価売上高倍率 ＝ $\frac{\text{株価}}{\text{1株売上高}}$ | まだ赤字段階にある若い企業などの割安度の分析で用いる |

ルや成長シナリオが急に崩れてしまったりすることがあります。株価CF倍率は、PERと併せて用いることで、こうした会社を見分ける際に切れ味を発揮します。また、利益と違って会計基準の違いに左右されにくいCFを用いるという特徴から、株価CF倍率は国籍の異なる企業同士を比較する時によく用いられる投資指標です。

売上高と株価の関係を示す株価売上高倍率（PSR、Price Sales Ratio）は、ベンチャー企業などで、まだ損益が赤字であるため利益を用いた分析が難しい会社の株価判断に用いられることがよくあります。PERと同様に同業他社との比較や、創業赤字など同じ成長段階にある会社同士の比較に有効です。

株価の割安・割高を判断する投資指標には、財務データを用いない一風変わった指標も存在します。たとえば、2000年前後のITバブル時には、米国などを中心に新たな投資指標がいくつも生まれました。利益どころかまだ売上も十分でない企業を評価するために、顧客数と株価を比較したり、さらにはWebサイトのページビューが用いられたりしたのです。「Eye balls（目玉）の数で株価を評価する」といった具合です。ベテランの投資家の方だと、バブル相場で物議をかもした「Qレシオ」を思い出す向きも多いのではないでしょうか。PERやPBRといった伝統的な指標で理由がつけにくい株価を説明するため、新たな投資指標が“発明”される時は、相場はバブル局面にあると考えたほうがよいのかもしれません。

実戦ドリル

# 4 念じれば株価は上がる？

## PER、妥当株価を動かす要因を知る

Q

A社の配当は年間100円です。投資家はこの株に10%の投資利回りを求めており、株価は100円÷0.1（10%）＝1,000円でした。さて、投資家の多くが「この株の株価は毎年5%上昇する」と信じるようになりました。株価はどうなるでしょうか？

A

配当や利益の見通しは変わらないんですよね。だったら、株価は動かないんじゃないですか……。

そう考えるのが普通だね。でも、こうも考えられないかな。投資家がこの株に要求する利回りは10%だ。ところが、株価が5%上昇するのだから、配当では5%（＝10%－5%）分だけ利回りがもらえればよい。とすると、株価は100円÷0.05（5%）で……。

2,000円？？　みんなが株価は5%上昇すると信じただけなのに、株価は1,000円から2,000円へ、一挙に2倍になるなんて！！

そうなんだ。理屈の上では、こういった形で株価が上昇することもあり得るということ。バブルはこんな感じで生まれるのかもしれないね。

今の問題でかえって頭が混乱してきました。

いいかい？　株価が動く理由はざっくり言って二つに分けられる。一つは、将来の利益や配当の見通しが変わること。利益や配当のちょっとした成長見通しの差が、株価を大きく動かすことは前回説明したよね。もう一つは、株式投資に要求する利回りの水準が変わった時だ。金利が変動することもその一つだけれども、金利が同じでもその株に対する上乗せ利回りが小さくても大丈夫と思

うような場合、要するに利回りが低くても OK だといった形で、リスクの見通しが変わることがこれに当たる。

何となくわかってきました。さっきの問題では、配当利回りが低くてもいいということだから、投資家の株式投資に対するリスクの見方が甘くなっているとも言えます。

そのためにも、将来の利益や配当を予想するファンダメンタルズ分析と株価の割安・割高分析とは、きっちり区別したほうがいいんだ。人気のある会社を前にすると、どうしても「株価はこれくらいまでは上昇する」と思い込んでしまう。でも業績見通しが冷静であれば、株価を動かすもう一つの要因であるリスクに対する見通しが甘すぎないかと、確認することができるからね。それでは、今回は株価分析の最終回だから、復習をしておこう。投資指標で一番使い勝手がよく、広く用いられるのは何だっけ？

PER です。PER では同業他社や過去の水準と比較することが大事なんでしょ。PBR などのほかの投資指標も併せて使います。

だいぶわかってきたね。相対的な視点からチェックできるのが、PER の投資指標としての強みでもあるんだ。では、妥当だと考える PER を決める要因には、どんなものがある？

将来の利益や配当の成長見通しや金利水準、それから株式市場やその株に対するリスクの考え方、要求する利回りなどですね。

そうそう。調子がいいね。PER がべらぼうに高い新興株などでは、成長見通しやその株に対するリスクの考え方が割安判断のカギになってくる。PER が 100 倍なんて、投資回収に今の利益で 100 年もかかるということだからね。

でも成長株で儲けた時って、いかにも「自分の予測は正しかった」っていう感じで快感！　簡単に使えるテクニックはないの？

PER30 倍なら 30 倍で、同じくらいの PER の会社をいくつか並べて、それぞれの見通しを比較すればよい。同じ業種であれば、成長見通しが一番高いと予想する会社、高い成長が長く続くと確信できる会社が、成長率の割に割安だということになる。あとは基本を忘れず実践を積み重ねることだね。

# 第6章
# 会社の未来は『四季報』のここで読む

# 1 材料記事で中期業績を先読み

➡ 設備投資や研究開発費の動向から将来性のある企業を探そう

材料記事（本文の後半部分）は、原則として中期的に見て業績や経営に影響を与えそうな材料や、会社の抱えている経営課題、株式需給等について書いてあります。

**業績や経営に対して中期的に影響を与える材料の代表としては、製造業における工場の新設、能力増強や、小売りや外食における店舗の新設・改装など設備投資があります。また、医薬品における新薬や、ハイテク企業における新技術、新製品のように研究開発動向も中期業績に影響を与えます。**

**『四季報』の材料記事には、こうした設備投資や研究開発の情報がコンパクトにまとめてあります。**

たとえば、イビデンの07年秋号材料欄には、「DPFは欧州増産続き、米国でも現地生産検討。09年中の稼働目指し年内にも決定。」とあります。DPFは、ディーゼル車用の黒煙除去フィルターですが、イビデンと日本ガイシが世界でも高シェアを持っています。このDPFを欧州工場で増産し、しかも米国でも現地生産を検討するということは、イビデンの経営陣が今後の需要拡大に自信を持っていることを示します。つまり、この工場ができればDPFが欧州や米国で拡販でき、イビデンの収益力が向上する可能性が高いと考えていいでしょう。

設備投資をするのは工場だけではありません。支社など営業拠点、製品倉庫の新設や、小売り・外食などの店舗開設も設備投資です。たとえば、東洋シヤッターの07年秋号材料欄には、「浜松、松山など空白地帯中心に営業拠点を開設、2年半で10店舗新設目指す。」とあります。製品の販売拠点がこれらの地方で増えることによって、業容の拡大が期待できるかもしれません。

小売業や外食の場合は、原則として今期中の新店、閉店、内部改装計画は業績記事に書き、材料記事では中期的な出店計画についてコメントして

## 材料記事はこう読む

**4506 大日本住友製薬**（だいにっぽんすみともせいやく）
【決算】3月【設立】1897.5【上場】1949.5
【特色】医療用医薬品の準大手。大日本製薬と住友製薬が合併、住友化学子会社。動物薬や添加物も
【連結事業】医薬品79（22）、他21（2）〈07・3〉
【新　薬】注力中の統合失調治療薬は米国で3相入り。12年までに販売開始、MR2000人強など米国で自社販売網構築へ。糖尿病合併症治療剤は国内後期2相準備中。

**5936 東洋シャッター**（とうよう）
【決算】3月【設立】1955.9【上場】1975.10
【特色】シャッターで3位。非量産の重量シャッターに強み。経営再建完了で積極路線へ転換
【連結事業】軽量シャッター15、重量シャッター55、シャッター関連8、スチールドア16、建材他6〈07・3〉
【攻める】浜松、松山など空白地帯中心に営業拠点を開設、2年半で10店舗新設目指す。メンテナンス事業拡大狙い、過去の施工実績の掘り起こしとデータ蓄積に着手。

**4062 イビデン**
【決算】3月【設立】1912.11【上場】1949.5
【特色】電子回路・特殊炭素・DPFなど多面展開、開発力高い。インテル向けにICパッケージ供給
【連結事業】電子関連51（19）、セラミック26（26）、建材14（5）、建設4（5）、他7（4）【海外】66〈07・3〉
【拡　大】DPFは欧州増産続き、米国でも現地生産検討。09年中の稼働目指し年内にも決定。大垣中央増設、フィリピン新工場が稼働。09年度売上高5000億円目標。

います。材料記事では、「関東の駅前繁華街中心に出店継続方針。」「今後3年間で東海地区中心に100店出店計画。」などという表記をします。現在までの業績が伸びていれば、こうした出店が順調に進んだ場合の数年後の収益をある程度想像することが可能です。

株式投資は、その企業の将来性を見越して投資することに醍醐味があるわけですが、将来性を占ううえで設備投資計画が大変価値のある情報だということが理解できると思います。

また、研究開発についても材料記事でコメントしています。たとえば、大日本住友製薬の07年秋号材料欄には、「注力中の統合失調治療薬は米国で3相入り。12年までに販売開始、……」とあります。数年後に大型新薬を発売する計画であることがわかります。会社側が想定している売上規模について触れている場合もあります。

このほかに、次世代通信技術を使った新製品や有機ELなどの研究開発も、材料欄に書いてあります。材料欄は、毎号、最新のトピックスをコンパクトにまとめているため、株式市場で注目されている新技術が最新の『四季報』に載っていないこともあります。そうした場合、過去の『四季報』を読み返してみると、その新技術について既報していることがよくあります。

実戦ドリル

# 1 中期計画の読み方

## 数年先については過大な目標を作りがち

Q

上場企業は、前期決算を発表する時、今期業績見通しも発表しています。この見通しが大きく増減しそうになったら、できるだけ早く増額・減額修正することが義務づけられています。

今期見通しとは別に、企業によっては中期経営計画を発表しています。この中期経営計画が大きく増減しそうな場合は、増額・減額修正をする義務があるでしょうか。

A

答えは「義務はない」です。上場企業は東京証券取引所などの決めたルールによって、期初に発表した今期業績見通しが大幅に増減することが明らかになった時点で、速やかに上方修正・下方修正を行うことが義務づけられているんだ。

具体的には、予想数字に対して売上高で10%以上増減する見通しになった場合と営業利益・経常利益・純利益で30%以上増減する見通しになった場合は、速やかに修正を発表しなくてはならない。これがいわゆるタイムリーディスクロージャー（適時開示）というルールだ。ただし、開示義務があるのは今期業績見通しだけで、会社が任意で公表している中期経営計画にはこのようなルールはないんだよ。

中期経営計画は会社が発表している数字だから、外れることは少ないんでしょ？

そうはいかないさ。どちらかというと、「強気」すぎる中期経営計画を発表する会社が多いんだ。たとえば、社長が交代をして中期経営計画を作り直す時には、新しいプランを掲げるため、どうしても高い目標を設定する傾向がある。経営者としては、社員全体のベクトルを一つにまとめ、会社の潜在能力をフルに発揮させるためにわざと高い目標を設けているのかもしれないね。このような高い目標の中期経営計画は、翌期あたりまでは現実的な数字になっているものの２年後、３年後と先に進むにつれて、過大感が強くなる傾向があると言えるね。

時間が経過するにつれて計画が達成できないことがわかった時には修正するの？

それはほとんどない。多くの企業では中期経営計画を修正するのではなく、新しい計画を立てることで結果的に計画を見直しているよ。

そうね。社長が音頭を取って作った計画を修正するのは、何だかみっともないものね。『四季報』では中期経営計画をどのように取り扱っているの？

『四季報』でも会社がわざわざ発表する中期経営計画は、重要な情報として業績予想をする際の参考にしているよ。場合によっては、記事後半の材料記事でコメントすることもある。ただし、『四季報』では会社の中期経営計画をそのまま紹介したりはしないんだ。計画が現実的かどうかを判断したうえで、達成に向けたカギなど、担当記者の見方が加えられているんだよ。

たとえば、「【中期計画】……後半に向けてペース加速するが目標高く達成困難。」「【中期計画】……効率経営転換の成否が達成のカギ。」と、計画に対する評価や達成するための条件を示しているケースがある。この例のように、『四季報』記者は会社の説明をきちんと聞いたうえで、会社の成長力を自分で判断している。こうした取材・分析をして、今期・来期の独自予想を立てているんだ。

# 2 設備投資と研究開発の動向

➡ 将来へ向けた「種まき」の成否を占う

**設備投資や研究開発は、将来の収益基盤を拡大するために会社が行う「種まき」です。これから設備投資、研究開発を積極的に行おうとする会社は、将来に向けた業容拡大に自信があると考えられます。**

『四季報』巻末には「設備投資額ランキング」「研究開発費ランキング」「設備投資増加率ランキング」「研究開発費増加率ランキング」などのデータがあります。絶対額、伸び率についてのランキングなので、数年後に、新しい設備や新しい商品が貢献し始めると業績がよくなる有望会社を先回りして見つけることができるかもしれません。一方、会社ごとの設備投資、減価償却費、研究開発費の前期実績と今期計画値は、『四季報』のデータ欄に掲載されています。

ここで注意すべきは、年間の設備投資額すべてがその期の費用にはならないという点です。大きな工場を新設し、その投資をすべて費用とすると赤字になる恐れもあります。工場は継続的に使用するので、使用可能期間にわたり費用配分するのが合理的です。

そこで、**工場などを新設した場合は、まず、貸借対照表の有形固定資産（「建物及び構築物」「機械装備及び運搬具」「器具及び備品」など）に支払った金額を計上します。そして、各期に減価償却費として費用計上しているのです（ただし、土地は有形固定資産でも使い減りしないので償却対象外）。このように一定期間で分割して費用計上すれば、各期の利益増減を平準化することができます。**

設備が何年間使用できるかを予測することは不可能なので、設備投資の種類ごとに過去の実績を平均して法定耐用年数が決められています。このように、設備投資を行うと、工場の増産効果などで売上高が増加しますが、一方で減価償却費という費用も増えてしまうのです。

その点、研究開発費は通常、各期に使った分だけ費用計上します。

さて、設備投資は自社で工場などを建設するわけですが、工場を増やす

## 将来へ向けた姿勢を知る

### 設備投資増加率ランキング

| 順位 | コード | 社名 | 決算期 | 前期比増加率(%) | 今期予定設備投資額(百万円) |
|---|---|---|---|---|---|
| 1 | 4912 | ライオン | 連 07.12 | 328.6 | 43,500 |
| 2 | 8806 | ダイビル | 連 08. 3 | 322.7 | 20,000 |
| 3 | 9110 | 新和海運 | 連 08. 3 | 297.7 | 19,300 |
| 4 | 8244 | 近鉄百 | 連 08. 2 | 282.7 | 17,300 |
| 5 | 6755 | 富士ゼネ | 連 08. 3 | 267.3 | 11,000 |
| 6 | 3880 | 大王製紙 | 連 08. 3 | 251.2 | 70,000 |
| 7 | 1802 | 大林組 | 連 08. 3 | 227.7 | 45,400 |
| 8 | 5727 | 東邦チタ | 連 08. 3 | 201.0 | 17,700 |
| 9 | 6954 | ファナック | 連 08. 3 | 169.5 | 37,704 |
| 10 | 9861 | 吉野家 | 連 08. 2 | 146.3 | 12,412 |
| 11 | 6135 | 牧野フライ | 連 08. 3 | 145.5 | 10,800 |
| 12 | 2306 | ビック東海 | 連 08. 3 | 139.7 | 12,620 |
| 13 | 8803 | 平和不動産 | 連 08. 3 | 138.8 | 35,900 |
| 14 | 9042 | 阪急阪神H | 連 08. 3 | 137.6 | 127,800 |
| 15 | 7004 | 日立造船 | 連 08. 3 | 134.0 | 11,000 |

3086 J．フロントリテイリング　【決算】2月　【設立】2007.9　【上場】2007.9

（07・9 ㈱松坂屋ホールディングス、㈱大丸が経営統合）

【特色】07年9月に百貨店大手の大丸と松坂屋ホールディングスの統合により設立した純粋持株会社

【連結事業】百貨店業他100　〈07・9〉

【記念配】大丸と松坂屋が経営統合、共同持株会社設立し松坂屋下期分が上乗せ。大丸は札幌店好調、ＳＣ新業態２店と11月東京店移転開業の新店効果期待。松坂屋は上野店改装で活性化、大丸の低コスト運営手法導入。統合記念配50銭で４・５円配。

【統合】10年度営業利益６００億円、松坂屋営業利益率４・７％（現２％）目標。松坂屋負ののれん１００億円は５年償却。

ためには、ライバル会社を買収することで工場ごと買い取ってしまう方法もあります。買収価格が会社なり事業なりの帳簿上の価格と等しければ、その会社・事業の貸借対照表が、買収した会社の貸借対照表に反映されることになります。通常は買収価格が帳簿上の価格を上回ります。超過分を「のれん代」と言います。帳簿価格100億円の会社を120億円で買えば、20億円がのれん代です。

のれん代は商標に代表されるようなブランド価値と説明されることがありますが、資産が将来的に生み出すキャッシュフロー、時価評価されていない含み益、技術開発力などが反映されたものです。貸借対照表の無形固定資産に「のれん」として計上され、20年以内に均等な費用配分をすることになります。先の例で5年を選択すれば20÷5＝4億円を5年間にわたり販管費として計上します。

反対に、企業本来の価値よりも割安な価格で買収をすることも、時にはあります。その場合は、「負ののれん」（帳簿上の価格と買収価格の差額）を計上するため、これを償却すると毎期、利益が発生することになります。たとえば、図に示したＪ．フロントリテイリングの07年秋号記事には、「松坂屋負ののれん100億円は5年償却。」とあり、毎期20億円ずつ利益計上されることがわかります。

実戦ドリル

# 2 環境変化への適応力

## 伸びる事業を見つけるには連想ゲームも必要

**Q**

下左の①②③の事象は、下右のⓐⓑⓒⓓⓔⓕのどの投資テーマと関連するでしょうか。

①原油価格上昇
②中国経済の発展
③高齢化の進展

ⓐハイブリッドカー部品
ⓑ造船
ⓒ海水淡水化プラント
ⓓ野菜飲料・緑茶
ⓔフィットネスクラブ
ⓕ薄型テレビ

**A**

答えは、①の原油価格上昇に対して、ⓐハイブリッドカー部品とⓒ海水淡水化プラント。②の中国経済の発展に対して、ⓑ造船と、ⓕ薄型テレビ。③の高齢化の進展に対して、ⓓ野菜飲料・緑茶とⓔフィットネスクラブ、となる。順番に説明しましょう。

　原油価格が上がるとガソリン価格も上昇、すると燃費のよい小型車やハイブリッドカーの需要が増加するため、ハイブリッドカーの部品を作っている企業の収益が上昇するであろう、と株式市場では先読みをするんだよ。実際に業績に反映されるのは先のことなんだが、株式投資は企業の将来を買うことでもあるので、こういう投資テーマには敏感になってほしいね。

なるほどね。じゃあ、ハイブリッドカーの部品にはどんなものがあるの。

ガソリンエンジンと電気モーターを組み合わせるハイブリッドシステムをはじめ主要部品は、トヨタやホンダなどが自社で作っている。しかし、電気を貯蔵するバッテリーや、高圧電流に耐えられるワイヤハーネス、電気モーター部品、各種センサーなどは各分野で独自技術を持つ企業が高シェアを占めているんだ。

ふーん。次の海水淡水化プラントと原油価格とはどういう関連性があるの？

慢性的な水不足に悩む中東産油国は原油輸出で稼いだお金で、海水淡水化プラントの建設を進めている。逆浸透膜を生産する東レ、日東電工、三菱レイヨン、東洋紡などや、超純水製造装置を手がける栗田工業やオルガノなどが代表的な水関連企業です。中東産油国では大型のリゾート施設建設が相次いでいるため、建機需要も増えている。原油価格上昇には世界的な需要創出力がある。

では、②中国経済の発展とⓑ造船の関連性は？

中国が「世界の工場」になってから、中国の原料輸入、中国からの製品輸出が急拡大。輸出入は船が中心だ。海運各社が新造船の発注をしているため造船会社の収益は大幅に改善している。

ⓕの薄型テレビというのは、もしかして北京オリンピック関連ですか。

そうです！　04年のアテネ、06年のトリノの時、自宅での観戦需要が増えたことと、メーカーがオリンピックに合わせて新製品を投入したことで、薄型テレビの販売が大幅に伸びました。08年夏の北京オリンピックでも需要増の可能性があるね。

③高齢化の進展と、ⓓ野菜飲料・緑茶、ⓔフィットネスクラブはどういうことかしら。

高齢化が進むと、健康に気を使い、しかもお金のある年代が増えるため、野菜飲料・緑茶などが伸びると見込まれている。ここは素直に考えよう。フィットネスクラブも大手は年齢層別のプログラムを強化してシニア層の取り込みを図っている。このほか、時間にゆとりのある人が増えることから、50歳以上が中心顧客層となっている旅行会社にも恩恵がありそうだね。

こうしてみると、株式市場の投資テーマは、連想ゲームのようなものね。

# 3 海外市場をテコに成長する会社

➡ アジアなど新興国の成長の恩恵を受ける会社を探そう

**日本国内の個人消費は低迷が続いています。その点、米国、欧州や経済成長著しいBRICs（ブラジル、ロシア、インド、中国）では個人消費が増加しています。日本企業でも、海外での販売増によって中期的な成長を続けていこうとする企業が増えています。**

たとえば、トヨタ自動車の07年3月期販売実績を見ると、国内販売227万台（前期比3.8％減）に対して、海外販売625万台（同11.4％増）でした。トヨタの成長は海外販売の伸びが支えているのです。

『四季報』では、会社名の左にある【海外】欄で、連結海外売上比率を表示しています。トヨタ自動車の場合は74％でしたが、80％を超えている企業も珍しくありません。共栄タンカー、太平洋海運、トラスト、竹内製作所、ユニデン、島精機製作所、船井電機、第一中央汽船、商船三井、マブチモーター、ヤマハ発動機、アルパイン、ホンダ、シマノ、日本郵船、川崎汽船、マキタ、日本特殊陶業、ペンタックス、ＴＤＫ、ブラザー工業などでは連結海外売上比率が80％以上になっています。

このような**海外売上比率が高い企業では、独自製品をテコに、さらに海外での生産・販売を強化する動きが広がっています。企業の海外展開を先読みする時にも、『四季報』の材料記事が役立ちます。**

たとえば、日本特殊陶業の07年秋号材料記事には、「スパークプラグは新車・補修用とも需要増で米国、南アフリカ等で増産、インド新工場年内稼働。」とあります。また、マブチモーターの同号材料記事には、「【ベトナム】ダナン工場は8ライン立ち上げ済み、期末22ラインまで拡充し、価格競争力向上目指す。」とあります。

こうして海外生産拠点を拡充しているおかげで、国内消費が伸び悩んでいても、企業の連結業績は増益が見込めるのです。

なお、90年代に日本企業の海外進出が盛んになったころには、安い労働力を利用する生産拠点としての進出が盛んでした。**近年では、中国、イ**

## 海外で稼げる会社を探す

### ●海外での営業利益が大きい会社

（北米）
①ホンダ
②トヨタ自動車
③日産自動車
④三菱UFJFG
⑤武田薬品工業

（欧州）
①トヨタ自動車
②日産自動車
③みずほHG
④キヤノン
⑤三井住友FG

（アジア･オセアニア）
①国際石油帝石H
②トヨタ自動車
③新日本石油
④松下電器産業
⑤ホンダ

（注）2006年度実績
（出所）東洋経済新報社調べ

7203 **トヨタ自動車**（じどうしゃ）
【決算】3月【設立】1937.8【上場】1949.5
【特色】自動車メーカーで利益世界首位。国内登録車シェア4割強。余資豊富で好財務。世界展開加速
【連結事業】自動車92（9）、金融5（12）、他3（3）
【海外】74 〈07・3〉
【連続増益】販売計画は4％増の889万台。国内はミニバン全面改良で2％増、低燃費車好調な北米等海外も5％増見込み。設計・物流改善も寄与。資材高や償却負担こなし営業増益。1ドル115円想定。増配も。
【影　響】中越沖地震で2・5日の生産停止、年内中に代替稼働で補う。次世代のプラグイン・ハイブリッド車で公道試験実施。松下電器と株持ち合い、電池等で連携強化。

5334 **日本特殊陶業**（にっぽんとくしゅとうぎょう）
【決算】3月【設立】1936.10【上場】1949.5
【特色】プラグ、センサー世界一。電子部品等ファインセラ拡大、ICパッケージ増強。森村グループ
【連結事業】自動車関連事業54（18）、情報通信・セラミック関連事業45（12）、他1（1）【海外】81 〈07・3〉
【営業減益】自動車向けスパークプラグや酸素センサーは欧州やアジア向け等に絶好調。が、ICパッケージは在庫調整の影響受け減退。積極投資で償却大幅増加、原材料高もあり営業減益だが、幅はやや縮小。
【拡　大】スパークプラグは新車・補修用とも需要増で米国、南アフリカ等で増産、インド新工場年内稼働。小牧工場内に酸素センサー工場増築。可児市に新拠点工場も。

ンド、インドネシアなど巨大な人口を抱える国の国内市場を開拓するために現地生産、現地販売を強化する企業が増えています。

『会社四季報CD-ROM』を使うと、記事検索が手軽にできます。『四季報CD-ROM』07年秋号を使って「ベトナム」で検索をすると、マブチモーターをはじめとして、オムロン、ヤマハ発動機、ユニデン、アイホン、フォスター電機など78社がヒットしました。「ブラジル」は16社、「ロシア」は34社、「インド」は136社、「タイ」では210社、「中国」ではなんと565社がヒットしました。

これらの中から、海外市場をテコに中期的な成長が見込める企業を絞り込んで投資をしておくと、長い目で見て好結果を生むかもしれません。

実戦ドリル

# 3 収益力を見通す

## 減価償却費や有利子負債の読みこなし方

Q

今期の売上と営業利益がほぼ等しいＡ社とＢ社があるとします。設備投資の金額も内容もほぼ同じですが、投資タイミングの違いを理由に減価償却費が大きく異なります。来期の売上がほぼ横ばいだとすると、増益になりやすいのはＡ社でしょうか、Ｂ社でしょうか。

（単位：億円）

| | A社 | B社 |
|---|---|---|
| 売上高 | 5,000 | 5,000 |
| 営業利益 | 250 | 250 |
| 設備投資 | 100 | 100 |
| 減価償却費 | 50 | 150 |

A

答えはＢ社です。Ａ社は、今期の減価償却費よりも多額の設備投資を実施している。このため、来期は減価償却費が増えると予想できるね。

一方、Ｂ社は今期の設備投資が減価償却費の範囲内に収まっているため、来期の減価償却費は減ると見られる。

設備投資と減価償却費の関係、聞いたはずだけどもう思い出せないわ。

そもそも設備投資は、直接費用に計上されないことは知っているよね。復習すると、大きな工場を建てた時、その建設費を１期だけで費用計上したらその期の利益が大きく減少してしまう。それを避けるため、投資額を一定の期間に配分して、減価償却費として費用計上するんだったね。

Ａ社の減価償却費は50億円だから、過去数年間は大きな設備投資を行ってこなかったと考えられます。そのＡ社は今期に多額の設備投資を実施したので、減価償却費がこれから増えるわけだ。一方、Ｂ社の減価償却費は150億円だから、前期までに高水準の設備投資を行ってきたと考えられる。Ｂ社の今期設備投資額は100億円でＡ社と同じだが、Ｂ社の過去の投資水準と比較すると少ないので、来期の減価償却費は減ると見ていいだろう。

ということは、Ｂ社の方が将来有望ということですか。

一般に企業は工場や店舗の新設・改装など設備投資を実施し、その後、利益を得る収穫期に入るというサイクルを繰り返している。Ｂ社の場合は、前期までに高水準の設備投資を実施したのでこれからは収穫期に入ると考えられるね。一方のＡ社はこれから投資負担が重くなりそうだ。投資信託のファンドマネジャーの中には、企業の投資と利益のサイクルをよく観察していて、これから収穫期入りする企業を選択して投資している人もいるよ。

減価償却費の違いからいろいろ分析できるのね。

Ｂ社は150億円の減価償却費を計上しても営業利益を250億円稼いでいる。Ａ社の減価償却費は50億円しかないのに営業利益は150億円だから、Ａ社は減価償却費以外の費用が多い、あるいはＢ社の粗利率が高いのかもしれない。だから、設備投資が収穫期入りするＢ社は魅力的な企業だと言えるね。

利益が出そうな企業を見分ける指標にはほかにどんなのがありますか。

『四季報』に載っている数字で言えば、利益剰余金や有利子負債は参考になる。一般に、有利子負債が少ない企業のほうが、より積極的な経営がやりやすくなるんだ。経営判断をする時に金融機関と相談する必要がないからね。だけど電力、ガス、鉄道会社のように設備産業や不動産業では有利子負債は多くて当たり前。そのように業界によって差があるよ。

# 4 材料記事で経営課題を知る

➡ 業績面での課題、上場企業としての課題を記者が指摘

『四季報』の材料記事では、中期で業績に影響を与える材料のほか、会社が抱えている課題や株式需給も取り上げます。将来の株価に影響を与える可能性があるトピックスがさまざまな角度から書いてある、と言い換えてもいいでしょう。

会社は通常、大きく分けて、収益力を改善していくために必要な課題と、上場企業としての課題の二つを抱えています。

まず、収益改善に向けた課題は、その会社がどのようにして将来に向けた布石を打てばいいのか、分析を含めて具体的に示しています。たとえば、山崎製パンの07年秋号材料記事では、【麦　価】という見出しを立てて、「小麦高騰は内部吸収不能レベルで売価転換が課題に。」と指摘しています。これを読めば、今後の山崎製パンの業績は、パンなどの製品価格に原料小麦価格の上昇分を反映させることができるかどうかで大きく違ってくるということがわかります。

近畿車輛の07年秋号材料記事には、「仕事量急増で原価・品質管理強化が喫緊の課題。」と書かれています。一般的に、これまでの受注量と比較して急激に受注が増えると、時には生産能力が不足するため外注が増えてコスト高になったり、あるいは管理が不十分になって品質問題に発展する恐れもあります。それを避けるためにも、原価管理や品質管理の強化が急務であることを『四季報』記者が指摘しているのです。

二つめの上場企業としての課題とは、株主に対する還元政策や、上場を維持するための必要条件などを指します。たとえば、クリヤマや第一建設工業の07年秋号材料記事には、「配当性向低く増配が課題」などと書いてあります。上場企業として適切な株主還元について、『四季報』記者の視点で問題提起をしています。株式上場を維持するために必要不可欠な課題を指摘しているケースもあります。

栗林商船は、07年3月時点の株主数が646名しかおらず、上場廃止の可

## 本業から財務まで、課題はさまざま

**7122 近畿車輌**（きんきしゃりょう）
【決算】３月【設立】1939.11【上場】1949.5

【特色】業界３位の鉄道車両メーカー。米国、東南ア、中東など海外市場を積極開拓。近鉄系
【連結事業】鉄道車両関連88（４）、建材関連10（１）、不動産賃貸２（81）【海外】38
〈07・3〉

【ドバイ】新交通２期の残り１５０億円も正式受注。受注残１３５６億円と記録更新。フェニックス、シアトル向け車両は損失引き当て済み。米国が部品・メンテに支えられ均衡線に浮上。単体の操業効果が前面に。

【急膨張】ドバイ１期３４０億円は来期、ダラス２２０億円も10年３月期にかけ順次計上。仕事量急増で原価・品質管理強化が喫緊の課題。懸案の米国工場の実現は先か。

**2212 山崎製パン**（やまざきせいパン）
【決算】12月【設立】1948.6【上場】1962.7

【特色】パン業界最大手。全国展開の先駆。子会社でコンビニや菓子事業「ヤマザキナビスコ」も展開
【連結事業】食品92（２）、流通８（１）、他０（５）
〈06・12〉

【営業増益】前期の東ハト買収で売上高１００億円上乗せ。本体は「ランチパック」５割増で菓子パン牽引。営業外は不二家の持分赤字が響く。08年12月期は値上げ図るも償却増に加え原料の小麦高騰で減益か。

【麦価】政府の小麦売り渡し価格制度が年間固定制から変動制に移行、小麦高騰は内部吸収不能レベルで売価転換が課題に。08年度減価償却費は20億円増える見込み。

**9171 栗林商船**（くりばやししょうせん）
【決算】３月【設立】1919.3【上場】1950.4

【特色】北海道と東京、大阪を結ぶ新聞用紙輸送が主の船会社。王子製紙、日本製紙等が荷主。外航も
【連結事業】海運事業94（２）、ホテル事業５（▲２）、不動産事業１（50）【海外】７
〈07・3〉

【足踏み】内航は定期ＲＯＲＯ船が同業他社撤退の釧路－東京に新航路開設し拡大。子会社担当の外航も運賃市況上昇が寄与。が、燃油・用船料高騰が利益圧迫。ホテル黒字化の確度高まるが、営業益は足踏み。前期あった投資有証売却等特益なくなる。

【増加策】株主数増加策急務だが、単独１株益低く増配あっても限定的。中期では株式分割や単元株引き下げ等も検討課題か。

**3355 クリヤマ**
【決算】12月【設立】1940.12【上場】2004.12

【特色】ゴム・合成樹脂製品を主体に産業用・建設用・運動施設用資材。海外売上高は北米中心に４割強
【連結事業】産業資材63（６）、建設資材30（２）、スポーツ施設資材４（３）、他３（▲３）【海外】41
〈06・12〉

【大幅増益】収益源の産業資材は北米でホースなど好調続く。国内の公共投資向け建設資材の不振を補う。営業大幅増益。商品損害補償特損あるが連続最高純益。08年12月期も北米の産業資材を中心に増収増益。

【北米増強】連結配当性向低く増配が検討課題。売上高の41％を占める北米の現法を増資し産業用ホースを設備増強。北米市場の拡大と中南米市場の開拓を進める方針。

能性も視野に入れる水準になっていました。07年秋号材料記事では、「株主数増加策急務だが、単独1株益低く増配あっても限定的。中期では株式分割や単元株引き下げ等も検討課題か。」とあります。会社側も株主数の増加に注力しているのですが、利益水準が低いため大幅な増配は難しい状況です。そこで、株式分割をしたうえで単元株を引き下げて流動性を高める必要があると指摘しているわけです。

記者は、個人投資家である読者になり代わって経営陣と向き合い、問題をコンパクトに指摘しています。材料記事を注意深く読めば、その会社が取り組むべき課題が浮かび上がってきます。会社側の対応を継続的に注視していれば、その会社の将来性がある程度判断できるのです。

実戦ドリル

# 4 ランキングの活用法

## 中期的な成長が期待できる会社を探す

**Q**

『四季報』巻末には、今期予想営業増益率ランキングが掲載されています。営業利益が①100億円以上の企業と、②100億円未満の企業を分けてランキングしていますが、ランキング上位企業を比較すると①と②のどちらの増益率が高いでしょうか。

**A**

答えは②100億円未満の企業。この問題はやさしかったかもしれないね。利益水準が低い企業のほうが、増益率だけを取り出すと高くなる傾向があるからだね。

07年秋号を見ると、①100億円以上のランキング1位は、ソニーで541％増益です。ソニーの今期予想営業利益は4,600億円、前期営業利益は717億円。一方、②100億円未満の1位は、鉄人化計画の7,700％増益。鉄人化計画の今期予想営業利益は3億9,000万円、前期営業利益は500万円だ。前期営業利益が低水準だったので、こんな倍率になってしまうんだ。

利益が何十倍にもなるなんて、メチャクチャ高成長企業に見えちゃうわ。

表面的にはそうだけど、前期営業利益があまりにも少ないのが原因なので過大評価しないほうがいいね。今期増益率が高い場合は、『四季報』独自の来期予想も見て、2期連続して高い伸びを見込めるかどうかを点検してください。

巻末にはほかにどんなランキングがあるのかしら。

いつも同じものが掲載されているわけではないが、「株主優待を含めた実質高利回りランキング」、「予想配当利回りランキング」は定番ランキングと言ってもいいね。

どちらも「利回り」だけど、どこが違うのかな。

株主優待も含めた実質高利回りランキングでは、飲食券、優待券などの株主優待を金額換算して、配当に加算している。たとえば、外食のワタミでは１単元（100株）保有の株主に対して6,000円分の飲食券を年に２回配布している。これを１万2,000円と金額換算し配当金1,000円（１株当たり10円配（07年３月期実績）で100株）に足す。予想配当利回りは0.58%しかないけれど、株主優待を含めた実質利回りは7.48%に上昇する。

なるほどね。株主優待を使う人にとってはお得感があるわね。ほかに注目すべき巻末ランキングは？

設備投資額、設備投資増加率、研究開発費、研究開発費増加率ランキングは、会社の成長を占ううえでも重要なランキングだね。

ランキングを見る時のポイントを教えてください。

設備投資額ランキング、研究開発費ランキングでは、トヨタ自動車、NTT、東京電力、松下電器産業などの主要企業が、設備投資や研究開発費を増やすのか減らすのかを点検してみよう。主要企業の動向を把握するとともに、日本の景気全体の動向を占うこともできるというわけさ。

有望銘柄を探すには、設備投資増加率、研究開発費増加率が便利だ。今期の設備投資や研究開発費を大幅に増やす企業は、数年先まで収益力拡大が見込めるという自信を経営者が持っていることを表す。ライバルの設備投資に、仕方なく追随しているケースもあるだろうが、多くは今後の収益拡大を見込んでいるはずだ。

巻末ランキングには、予想ROEランキング、時価総額ランキングなどがある。予想ROEは、今期予想当期純利益を直近決算期末の株主持分で割った比率で、資本を効率的に使っている会社を見つけるのに役立つよ。

時価総額は、株価に発行済み株式数をかけたもの。時価総額が大きければ、そう簡単に買収されないと見ることができる。

# 5 増額・減額にも種類がある

➡『四季報』独自に増額・減額した会社を上手に探そう

「増額」「減額」という言葉には、大きく二つの意味があります。

一つめは、会社が行う増額・減額です。上場企業は、期初に今期業績見通しを開示していますが、その見通しが大きく増加（あるいは減少）することがわかった場合には、速やかに増額（あるいは減額）修正を発表する義務があります。具体的には、売上高で10％以上の増減、利益は30％以上の増減が見込まれると明らかになった時点で、タイムリーにディスクローズする必要があります。

二つめは、『四季報』記者が行う増額・減額です。独自に取材をした結果、前号の『四季報』予想よりも業績予想数字を増減させる時に、この言葉を使います。**『四季報』の記事は、会社予想についての解説ではなく、『四季報』の予想数字についての解説なので、書いてある増額・減額はすべて、『四季報』の前号と比較した増額・減額です。**仮に会社が今期見通しを増額しても、前号の『四季報』ですでに増額していて今号では数字に変化がない場合、誌面では増額という言葉を使いません。

『四季報』だけが増額・減額をしていて、会社はまだ増額・減額を発表していない会社は、この先、会社も増額・減額を発表する可能性もあります。**『四季報』だけが増額・減額をしている会社を発掘するためには、記事をたんねんに読んで、「会社計画営業利益の○○億円は過小（過大）」という表現を探してください。この表現のほかに、図に示したような『四季報』独自の増額・減額表現があります。『四季報CD-ROM』をお使いの方は、「会社」&「過小（過大）」というキーワードで検索すると、簡単に『四季報』独自の増額（減額）銘柄を探すことができます。**

また、『四季報』のページ数が書いてある欄外に、「大幅増額」「増額」「前号並み」「減額」「大幅減額」という矢印があります。これは、今号の今期営業利益予想が、前号と比較して増額しているか、減額しているかを示したものです。前号と比較して30％以上増額・減額している場合は「大

**『四季報』だけが予想利益を増減額しているケースもある**

**『四季報』独自の「増額」表現**

「会社計画営業益○○億円は …… 過小。」
「会社計画営業益○○億円は …… 慎重。」
「会社計画営業益○○億円は …… 保守的。」
「会社計画営業益○○億円は …… 上振れ余地。」

**『四季報』独自の「減額」表現**

「会社計画営業益○○億円は …… 過大。」
「会社計画営業益○○億円は …… 未達。」
「会社計画営業益○○億円は …… 努力目標。」

幅増額」「大幅減額」、5%以上30%未満の増額・減額は「増額」「減額」、変化が5%未満の場合は「前号並み」という表示が出ています。

ところで、増額・減額にも影響の大きい修正と、影響の小さい修正があることをご存じですか。

一般に**営業利益の増額・減額は、本業の好調、不調を伝えているので、今期だけでなく来期以降の利益水準にも影響を与える可能性があります。**

一方、特別利益の増額・減額は、一過性のものであることが多いため影響は比較的小さくなります。たとえば、保有する土地や有価証券を売却したので特別利益を計上し、最終利益を増額することがあります。保有資産の有効活用を始めたのかもしれませんが、いずれにしても、保有土地や有価証券は売却してしまったので、来期に同じような利益を上げることはできません。特別利益で最終利益が膨らむと、1株利益も増えますが、来期は特別利益が消えて、1株利益も平準化するだろうと考えておいたほうがいいでしょう。

その点、営業利益を増額した場合は、本業の収益力が向上していることも考えられます。画期的な新商品が出た場合などは、会社の成長の角度が大きく変わり、急成長を始めることもあります。

ただ、市場は1株利益に注目しているうえ、会社は翌期の業績予想を公表しているわけではないので、株価が特別損益を反映した最終利益の増額・減額にも反応しやすいことは否定できません。

実戦ドリル

# 5 産業界の動向をつかむ

## 「業種別業績展望」で好調な業界に目をつける

Q

『四季報』の巻頭には、３月期決算会社の売上高、営業利益、経常利益、純益の３期分（前期、今期、来期）増減が集計してあります。東証、大証、名証やジャスダックなどを合計した掲載会社数はおよそ4,000社です。では、そのうち３月期決算会社はおよそ何社あるでしょうか。

①2,400社　②2,750社　③3,000社

A

答えは、②2,750社です。

えっ？『四季報』を見ると「3月期決算業績集計表」として2,400社程度を対象にしているわ。①が正解ではないの？

確かに『四季報』では３月期決算企業のうち2,400社を対象に業績動向を集計している。しかし、３月期決算会社は2,400社のほかにもあるんだ。業績修正表では３期分の業績増減を比較できるように、今期・来期予想および実績２期分が前号時点からある企業を対象にしている。つまり、上場ホヤホヤの会社や、決算期変更会社は集計対象から外れているというわけだ。

なるほど。たまたま規模の大きい企業が新規上場したために、3月期決算企業全体の業績が増えたりしないようにしているのね。

そのとおり。業種別業績展望では、33業種別の業績動向を集計している。その際、新規上場や上場廃止などの特殊要因を排除するため、一定期間上場している企業を対象にしているんだ。

では、3月期決算企業というのは、全体の何割くらいに当たるんでしょう？

『四季報』07年秋号では、最近上場した企業も含めて３月期決算企業は2,768社。およそ７割が３月期決算企業だね。

そのほかには、何月期決算が多いのですか。

２番目は12月決算、３番目は２月決算会社が多い。参考までに、07年秋号に掲載された企業の内訳を見てみよう。

１月決算が63社、２月決算が223社、３月決算が2,768社、４月決算が37社、５月決算が89社、６月決算が105社、７月決算が32社、８月決算が61社、９月決算が135社、10月決算が44社、11月決算が59社、12月決算が299社——という具合いだ。また、今期上場廃止銘柄が30社ある。さらに、２期業績予想をしていない外国企業やREIT（不動産投資信託）などを含めて、『四季報』の掲載社数は4,075社になるんだ。

巻頭にある「今号のポイント」からは、何を読み取ればいいのかしら。

株式市場全体の方向性を予測するには、日本企業全体で今期どの程度の増減益になるのかを知ることがとても重要だ。「今号のポイント」には、前号の『四季報』と比較して、増減益幅が大きくなったのか小さくなったのかも明示してある。つまり、日本企業全体の上方修正・下方修正がわかるということだね。ここから株式市場の勢いを読み解いてほしいと思うね。

「業種別業績展望」はどこがポイントですか。

今期営業利益が前号比で増額・減額されたかどうかはとても重要だ。前号の『四季報』予想よりも、今期営業利益予想が増える業種は、業績の好調ぶりをまだ株式市場で十分に織り込んでいない可能性もあるからだ。また、来期の営業増益率も中期的な株価動向を占ううえで参考になるよ。業種によっては、来期は営業減益予想となっている業界もある。今期だけでなく、来期も好調が見込める業界から有望企業を探す方法もあるよ。

# 6 外国人が好きな銘柄

➡『四季報』の外国人持株比率データを徹底活用しよう

日本の株式市場で株価を動かすキープレーヤーは外国人投資家です。外国人投資家とは日本国籍を持たない投資家のことです。欧米を中心とした金融機関や年金基金、投資信託などの機関投資家やファンドが主体でしたが、最近は政府系ファンドも注目されています。

日本市場における外国人投資家の売買シェアは、03年から05年まで40%台で推移していました。ところが06年に50%台に上昇し、07年になってからは60%台になったこともあります。これに対して、個人投資家のシェアは30%前後、法人は10%台です。つまり、外国人投資家の買いが入らない限り、日本の株式市場は上昇しにくい構造になっているのです。

では、外国人投資家はどのような業種に投資をしているのでしょうか。時価総額100億円以上の企業を対象に外国人持株比率の業種別平均を算出したところ、表のようになりました。一般に、食料品、鉱業、水産・農林業、パルプ・紙、空運など成熟産業に対する投資スタンスは慎重で、成長業種や業界再編期待の強い業種に外国人の買いが広がっている様子が見受けられます。

**個別企業の外国人持株比率は、【株主】欄の＜外国＞を見るとわかります。これは、編集部が会社に対して実施したアンケートの回答に基づく数字で、会社がカストディアン（有価証券の保管業務をする金融機関など）など見かけ上の株主ではなく、実質的な株主を把握していればそれを反映している可能性があります。**

また、『四季報』ではときどき、1年前と比較した外国人持株比率の増減を【格付】の下に掲載しています。たとえば、07年夏号では、07年3月期末と06年3月期末の外国人持株比率を掲載しました。

同時に、この1年間で外国人持株比率上昇度が大きい銘柄、低下度が大きい銘柄を巻末ランキングの形で掲載することもあります。07年夏号のランキングを見ると、新日本建物の外国人持株比率は1年前に9.1%でし

## 業種別の外国人持ち株比率ランキング

| 順位 | 業種 | 外国人持ち株比率（%） | 対象社数（社） |
|---|---|---|---|
| 1 | 保険業 | 29.9 | 9 |
| 2 | その他金融業 | 19.9 | 45 |
| 3 | 石油･石炭製品 | 19.4 | 12 |
| 4 | 医薬品 | 19.0 | 43 |
| 5 | 不動産業 | 18.6 | 102 |
| 6 | 電気機器 | 17.8 | 214 |
| 7 | 精密機器 | 17.6 | 36 |
| 8 | 輸送用機器 | 16.6 | 83 |
| 9 | 海運業 | 14.8 | 10 |
| 10 | 化学 | 14.7 | 155 |
| 11 | ガラス･土石製品 | 14.5 | 34 |
| 12 | 証券･商品先物取引業 | 14.5 | 30 |
| 13 | その他製品 | 14.3 | 57 |
| 14 | 機械 | 14.1 | 167 |
| 15 | 鉄鋼 | 13.8 | 42 |
| 16 | 非鉄金属 | 13.5 | 30 |
| 17 | ゴム製品 | 13.1 | 13 |
| 18 | 繊維製品 | 12.6 | 48 |
| 19 | 情報･通信業 | 12.2 | 175 |
| 20 | サービス業 | 12.0 | 172 |
| 21 | 卸売業 | 11.7 | 191 |
| 22 | 建設業 | 11.6 | 113 |
| 23 | 小売業 | 11.4 | 216 |
| 24 | 銀行業 | 11.4 | 95 |
| 25 | 金属製品 | 11.3 | 46 |
| 26 | 倉庫･運輸関連業 | 11.3 | 23 |
| 27 | 電気･ガス業 | 11.3 | 22 |
| 28 | 陸運業 | 10.7 | 45 |
| 29 | 食料品 | 9.6 | 99 |
| 30 | 鉱業 | 9.6 | 7 |
| 31 | 水産･農林業 | 9.3 | 7 |
| 32 | パルプ･紙 | 8.5 | 14 |
| 33 | 空運業 | 5.5 | 5 |
| | | 平均 13.7 | 合計 2,360 |

（注）時価総額100億円以上の企業を対象として外国人持ち株比率を加重平均
（出所）『会社四季報CD-ROM』07年秋号

たが、1年間で41.3%も上昇して50.4%になりました。このほか、サイバーファーム、機動建設、多摩川電子、ユーシン、ザイオン、ノアなどで外国人持株比率の上昇が目立ちました。この時の調査では1年間に外国人持株比率が10%ポイント以上上昇した企業は42社ありました。

反対にオープンインターフェース、日本工業検査、オー・エイチ・ティー、ジャレコ・ホールディングスなどは、外国人持株比率が大きく低下しています。外国人持株比率が10%以上低下した企業は45社ありました。これらの企業の過去1年間の動向を点検してみると、外国人投資家の投資スタンスが浮かび上がってきて、次に外国人投資家が狙う会社を探せるようになるかもしれません。

実戦ドリル

# 6 外国人投資家動向

## 外国人や機関投資家のデータをどう読むか

Q

日本企業が香港に現地法人を作り、現地法人の名義で日本株を購入したとします。その場合は、東京証券所の定義では、日本の個人投資家と見なされるのか、外国人投資家と見なされるのか、どちらでしょうか。

A

答えは外国人投資家と見なされる、です。東証の定義によると、外国人投資家（海外投資家）とは外国為替法第６条の非居住者のことを言うんだ。たとえ日本企業であっても海外にある在外支店、現地法人は非居住者になるため、東証の統計では外国人投資家に含まれる。注文を受けた証券会社が、この基準で投資主体を区別し、売買注文を集計しているんだよ。

株式市場では、このように日本企業の在外支店、現地法人からの売買注文を「黒い目の外国人」と呼んでいる。この言葉、聞いたことがあるだろう？　統計上は外国人に含まれるけど、実際には日本企業が売買しているためだ。

では、日本にある外国企業が日本株を購入した場合はどうなるのですか。

その場合は外国企業であっても居住者に当たるので、国内の事業法人に分類される。ただし、東証非取引参加者である外国証券会社の在日支店の売買は外国人投資家扱いになる。先ほどの「黒い目の外国人」とは逆に、この場合は「青い目の日本人」からの売買注文だという呼び方をすることがあるんだよ。

なるほど、一口に「外国人投資家」と言っても複雑だなぁ。東証の統計はいつ発表されるのですか？

毎週木曜日午後に前週分の「投資部門別株式売買状況」という統計が発表されているよ。この発表を受けて、金曜日の朝刊に外国人投資家などの記事が出るというわけだ。

朝に「今日は外国人が買い越した」「今日は売り越した」というニュースを聞くことがあるけどあれは何ですか？

それは寄り付き前の外国系証券１３社が出した売買注文をまとめた数字なんだ。日本時間の夜間に外国からの注文を受けた外国系証券が、朝の寄り付き前に出した売買注文をとりまとめたものだ。外国人投資家も日中に売買注文を出すので、朝方の売買注文は参考程度に見ておいたほうがいいだろうね。

外国人持株比率が高い会社なのに、大株主を見ると日本企業が多いことがあります。あれはなぜでしょうか？

たとえば、『四季報』08年新春号では富士フイルムホールディングスの外国人持株比率が48.6%に達しているが、大株主の上位３位は、日本トラスティ信託口、日本マスター信託口、日本生命保険でいずれも「日本」の株主のように見える。４位以下は「ステート・ストリート・バンク＆トラスト」など外国系企業の名前が並んでいるが、ステートの持株比率は3.4%に過ぎない。どうして、外国人持株比率が50%近くになるのだろうか。

その理由は、日本マスター信託口、日本トラスティ信託口などが「カストディアン」であるためなんだ。カストディアンとは、有価証券を保管する金融機関のことをいう。外国人投資家が日本企業の株式を購入する時、日本のカストディアンと契約して株式を保管してもらうことがよくある。日本の株式を海外で保管・管理することが困難なためだ。

つまり、富士フイルムホールディングスの上位株主である日本マスター信託口などは、外国人投資家が実質的な株主である可能性が高いことになる。富士フイルムホールディングス側も、実質的には外国人投資家が株主であることを把握しているため、外国人持株比率を集計すると48.6%になるということさ。

# 第7章

# 「株価分析」のもう一つの手法——「テクニカル分析」を押さえよう

# 1 四季報チャートを活用しよう

➡ 中長期の判断に役立つ月足のローソク足を掲載している

株価の分析には二つの方法があります。一つは会社の業績などに注目する「ファンダメンタルズ分析」です。もう一つはチャートなどを用いた「テクニカル分析」で、株価の動きそのものや投資家の売り買いのエネルギー（需給と言います）に注目して株価を説明するものです。

『四季報』は、ファンダメンタルズ分析に必要な業績などを中心として掲載した、投資情報誌です。しかしそれだけではなく、チャート欄にはテクニカル分析に必要なローソク足、移動平均線、信用取引の買い残と売り残、出来高の四つも掲載しています。

ローソク足の「足」とは、株価の過去の足取りのことで、形がローソクに似ていることからローソク足と呼ばれています。取引の開始の価格である「始値」と終わりの価格である「終値」、取引中の最も高い価格である「高値」、最も低い価格である「安値」の四つの値が一目でわかるように工夫されたチャートです。始値と終値で描いたローソクの本体のことを「実体」、取引中の高値、安値で描いた線を「ヒゲ」と呼びます。

ローソク足には、1日の取引の動きを表した「日足」、1週間の動きを示した「週足」、1カ月間の動きを示した「月足」、1年間の動きを示した「年足」などがあります。最近では、インターネット取引が盛んになるとともに、分単位での株価の動きを表す「分足」なども使われるようになっています。

『四季報』では、こうしたローソク足のうち、中長期での投資判断に役立つようにひと月の株価の動きを示した月足を過去3年半（41カ月）分掲載しています。なお、株式分割など株数の変動があったときには、現在の株式数で計算し直した株価でローソク足を描いています。

**月足のローソク足は、月初め（その月の第1営業日）の始値より月末（最終営業日）の終値が高ければ、ローソクの実体は白くなります（「陽線」）。その反対に始値より終値が安くなると、実体は黒くなります（「陰**

## 四季報チャートの見方をつかむ

〈例：6752 松下電器産業〉

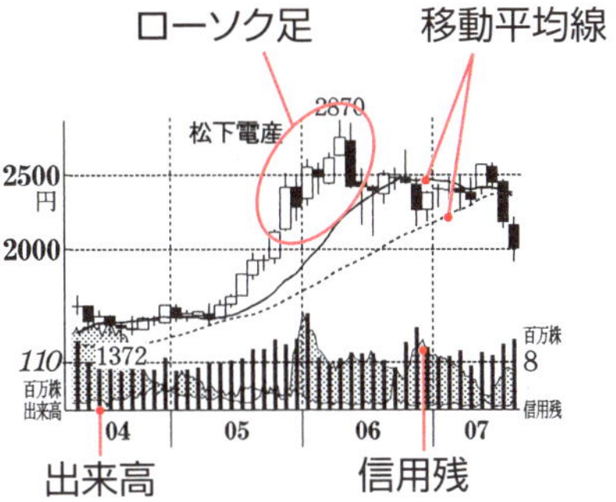


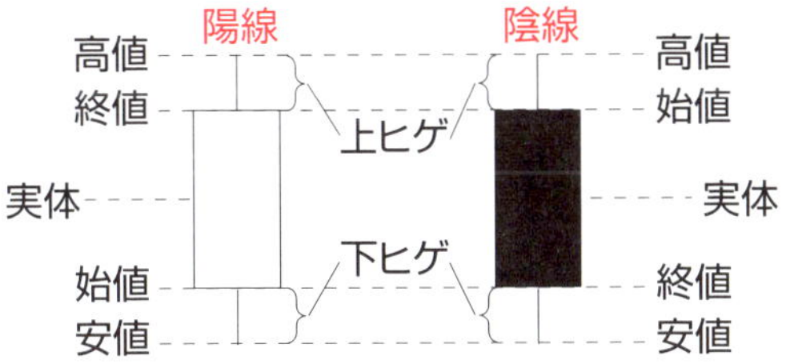


線」)。

ローソク足の柱が長ければ、その月の株価の上げ下げの動きが大きかったことを表しています。「陽線」の柱が特に長いものは、「大陽線」と呼ばれ、チャート分析では株価が上昇基調に入るシグナルの一つとされています。ローソク足の実体の上に描かれた「上ヒゲ」の先端は月中での最高値、「下ヒゲ」の先端は月中の最安値を表しています。株価が安い位置で長い下ヒゲが出れば相場の底打ち、株価が高い位置で長い上ヒゲが出ると相場の天井を示すと考えられています。また、始値と終値が同じ価格の場合、ローソク足は実体が直線で、ヒゲがあると十字の形となり、相場の転換点を示すことがあります。

実戦ドリル

# 1 テクニカル分析の有効性

## チャートを見れば投資家心理も読める

Q

株式投資に際して、テクニカル分析は不要という人もいますが、これは本当でしょうか。

A

正解はノー。株価分析の主流は実はテクニカル分析ではなく、企業の売上・利益や財務内容などを投資判断のよりどころとするファンダメンタルズ分析だ。しかし、株価はファンダメンタルズからかけ離れた動きをすることがよくある。平成バブル時代、予想PER60倍まで買われたことがあるし、ITバブルの時代にIT関連と言われた会社の中に予想PERで何百倍にも買われた例もある。株価をファンダメンタルズだけで説明することは、実際には大変難しいと言える。

テクニカル分析というのは、どんなことに注目するの。

テクニカル分析は株価チャートを利用する。株価には、業績、需要と供給、投資家の心理、さらには世界中で起きているさまざまな出来事が反映されている、と考えているんだね。株価の動きを追うことによって、裏で何が起きているかを推察することができるというわけだ。

たとえば、チャートから投資家の心理を探ることができる。ローソク足の図の①は、「陽線」だけど、始値より終値が高いということは、その期間中、押し目（上がる途中での下落）では買いが入り株価が上昇した、つまり強気派（買い手）が弱気派（売り手）を上回ったということがわかる。実体が非常に大きい陽線（「大陽線」）が出た場合は、それだけ強気派が数多くいたということ、あるいは株価を急上昇させるような好材料が出たということを示している。反対に②のような「陰線」の場合、弱気派が強気派を上回っていたこと、大きな陰線（「大陰線」）の場合は弱気派の力が非常に強かったことを示しているし、③のように長い上ヒゲや下ヒゲが出た場合、ヒゲの長さが長いほど、強気派と弱気派の力が拮抗していたことがわかるだろう。

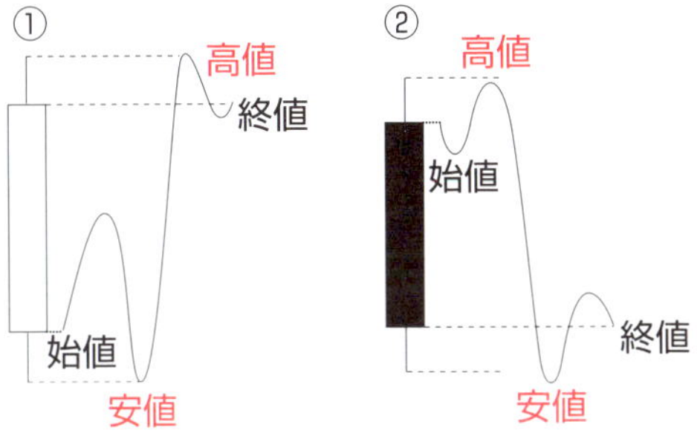

チャートから、ほかにどんなことが読み取れるかしら。

毎日、株価の値上がりや値下がりに一喜一憂していても、実際、株価が今どのような位置にいるのかわからないだろう。その点、株価チャートには過去から現在までの株価の動きが時系列で示されており、今の株価が高値圏か安値圏か、両者の中間にあるのか、一目で確認できる。また、株価やローソク足や移動平均線のことを理解できれば、株価のトレンドが上昇基調にあるのか下落基調にあるのか、あるいは保ち合っているのかもわかるようになる。日足だけでなく、週足や月足を見れば、中長期のトレンドをつかむことができるだろう。また、信用取引の状況を見れば、買い手と売り手がどれだけいるのか、おおよその需給の状況がわかる。

最近、ネット取引を行う投資家が増えているが、彼らの中には、邪念が入ると困るといって『日経新聞』も読まないという人もいるそうだ。それだけテクニカル分析を重視する人が増えているわけで、その重要性はこれまで以上に増してきているんだ。

# 2 移動平均線が示すシグナル

➡ 移動平均線で株価の中長期的な方向性や売買のタイミングを探る

株価の動きを知るには、二つの方法があります。一つはローソク足で短期的な株価の勢いを見る方法、もう一つは「移動平均線」で、これは中長期的な株価の方向性をとらえる手段として使われています。

株価は日々動いていますが、毎日の株価の動きからその方向性をつかむのは大変なことです。移動平均線は、各時点での移動平均の値を求めて、その値をつなぎ合わせたものです。たとえば、5日移動平均線は、当日から4日前までの5日間の終値の平均値を当日の値として、それを毎日並べて描き、株価の方向性を探るものです。

移動平均線には、5日線、25日線、75日線など日々の終値を平均して描く日足線、13週線、26週線、52週線など毎週の最終営業日の終値を平均して描く週足線、6カ月、12カ月、24カ月など毎月の最終営業日の終値を平均して描く月足線など、さまざまなものがあります。普通、1カ月以内の移動平均線を短期線、1カ月以上3カ月以内を中期線、3カ月以上の線を長期線として分類しています。『四季報』では、12カ月（1年間）の移動平均線を実線で、24カ月（2年間）の移動平均線を点線で示しています。

移動平均線の使い方の一つは、下値支持や上値抵抗ラインとして活用することです。移動平均線のもととなる移動平均の値は、過去の取引が成立した売り買いのコストを示しています。実際の株価が移動平均線よりも上にあるときは、これまでにその株を買った投資家は、利益を上げている状態ということになります（逆に下回っている場合は、損をしている状態を意味します）。

実際の株価が下落して移動平均線に近づくと、その株を買っていた人たちは利益を確定するため売ろうとするかもしれません。別の投資家は移動平均線で反発すると考えて、新たにその株を買い始めるかもしれません。この時、買いの勢いが強くなれば、移動平均線は下値支持ラインとなります。

## 株価と移動平均線の関係をつかむ

〈例：5401 新日本製鐵〉

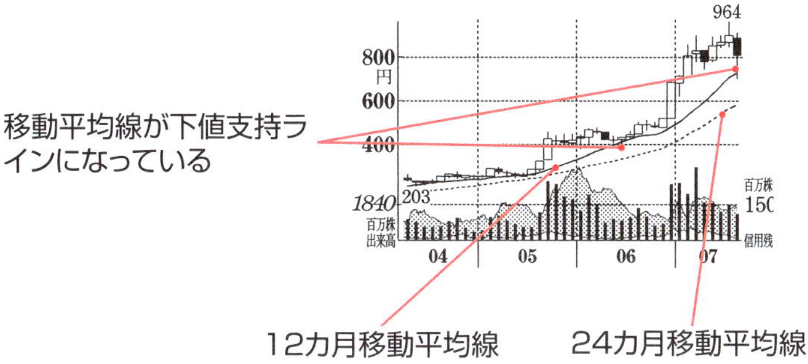


一方、株価が上昇して移動平均線に近づいたとき、買っていた人たちは損が減るので売るかもしれません。別の投資家は株価が移動平均線を上回って上昇すると考えて、その銘柄を買うかもしれません。このとき、売る人たちの勢いが強ければ、移動平均線は上値抵抗ラインとなります。

もう一つは、**株価のトレンドの転換を探る**ことです。移動平均線は、期間が短くなればなるほど実際の株価と近い動きをし、期間が長くなればなるほど実際の株価とは異なった動きをします。

実際の株価が上昇し始めると、短期線が初めに上昇し、続いて中期線も上向きに転じると株価は上昇トレンドに入ったと考えられます。最もよく使われるのは、短期線が中期線を下から上に抜ける「ゴールデンクロス」で、上昇トレンドへの転換を示すサインと言われています（反対は「デッドクロス」）。

実戦ドリル

# 2 チャートの基本を押さえる

## ゴールデンクロスやトレンド分析の意味するもの

**Q**

AとBのうち、上昇トレンドに入ったと考えられるのはどちらでしょうか。

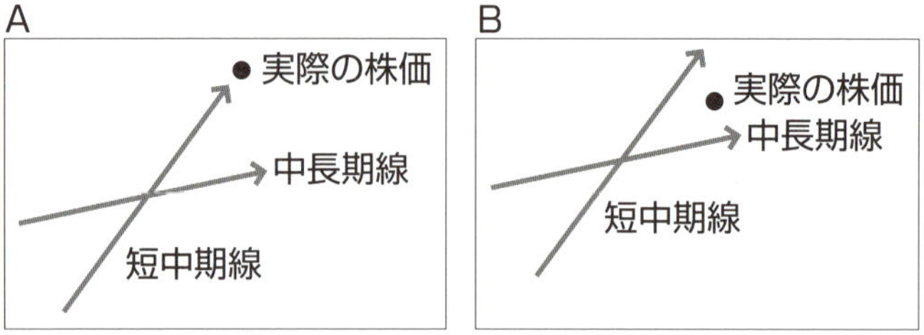


**A**

正解はA。短中期の移動平均線が中長期の移動平均線を下から上に突き抜ける「ゴールデンクロス」は、上昇相場への転換を示す買いのサインと言われる。しかし、上昇トレンドに転換したと思っても、実際にはその後、株価が下落してしまう、いわゆる「ダマシ」も時々ある。Bのように短中期線が中長期線を下から上に抜けても実際の株価が移動平均線を下回っている場合、ゴールデンクロスといっても信頼度が低い。これとは反対に、短中期線が中長期線を上から下に突き抜けた場合（実際の株価は移動平均線の下にある）は、「デッドクロス」と言われ、下落相場への転換を示すと言われているんだ。

ゴールデンクロスした銘柄を選べば、絶対に上がるとは言えないのかしら!?

残念ながら株価に絶対はないんだ。ゴールデンクロスは上昇転換のシグナルではなく、「追認」のシグナルとの見方もある。実際には、ゴールデンクロスは、株価が上昇を始めた後、少し遅れて実現するケースがほとんど。短中期線が上向きに転じて、中長期線に接近してきた時点で買うほうが効率的かもしれないね。

移動平均線以外にも株価の動きを見る方法があるって聞いたことがあるんだけど。

株価の高値や安値を結んで、株価の方向性を探る方法もある。株価のトレンドには、右肩上がりの上昇トレンド、右肩下がりの下降トレンド、横ばいトレンドの三つがある。上昇トレンドの場合、株価が最も安い時点とその後の押し目（株価が上昇している時の反落場面）をつないで上昇トレンドライン（下値抵抗線）を描く。一方、下降トレンドは株価が最も高い時点とその後の戻り高値（株価が下降している時の反発場面）を結んで下降トレンドライン（上値抵抗線）を描く。横ばいのトレンドラインは、株価の高値同士、安値同士を結んで高値のラインと安値のラインの２本のラインを描く。上昇トレンドの場合、株価が一時的に下値抵抗線に接近してきた時が買い場、下降トレンドの場合、上値抵抗線に近づいてきたときが売り場になる。しかし、上昇トレンドで下値抵抗線を下回った時や下降トレンドで上値抵抗線を上回った時はトレンドが崩れた可能性がある。

ダブルボトムは、底を確認したサインだって教えてもらったことがあるんだけど。

株価は、下降トレンドを経て底を確認し、上昇トレンドに転換する動きをすることがある。こうした場合、強いトレンド転換のサインとされているのが、「ダブルボトム」と「トリプルボトム」。ダブルボトムは１度株価が底から上昇した後に売られ、再び上昇して上値抵抗ラインを上抜ける形で、１番目の底より２番目の底が高いほうが上昇エネルギーの強いパターンを示している。トリプルボトムは３回底をつける形だが、２番目の底が１番目の底や３番目の底に比べて低いのが特徴で、これもまた強いトレンド転換のシグナルと言われている。反対に株価が上昇し高い位置でこれをさかさまにした形をつけることもあるが、２度高値（「天井」という）をつけるのがダブルトップ、３度つけるのがトリプルトップで、上昇トレンドが終わったことを示すと言われている。

# 3 信用取引の仕組みを知る

➡ 信用売り残が買い残を上回っていれば、将来の値上がり要因となる

株式の取引には二つの方法があります。一つはその株を買う資金をすべて用意するか、持っている株を売る取引（「現物取引」）、もう一つは**証券会社からその株の購入資金や株そのものを借りて行う取引（「信用取引」）**です。

信用買いの場合、買いたい株の3割程度の委託証拠金かそれと同額の有価証券を証券会社に預けるとその株を買うことができます。信用売りの場合は、証券会社から他の人が持っている株を借りて売ることになります。

信用取引ができる銘柄には、「制度信用銘柄」「一般信用銘柄」の二つの種類があります。

制度信用銘柄のうち、「貸借銘柄」は、信用買いと信用売りの両方ができる銘柄のことで、1部市場上場のほとんどの銘柄や2部市場やJASDAQ上場銘柄の一部がその対象となっています。貸借銘柄でない制度信用銘柄は、信用買いはできますが、証券会社が証券金融会社から株を借りることができないため、信用売りを行うことは困難です。1部上場の銘柄や2部、JASDAQ上場のほとんどの銘柄は制度信用銘柄となっています。貸借銘柄と制度信用銘柄はいずれも証券取引所が選定した銘柄です。

一方、一般信用銘柄は、顧客と証券会社が品貸料や決済（弁済）の期限など、ルールを決めて行う取引のことです。取引の対象はすべての上場銘柄で、東証マザーズや大証ヘラクレスなど貸借銘柄や制度信用銘柄となっていない銘柄のほとんどで一般信用取引が行われています。

『四季報』では、【証券欄】に貸借銘柄の場合、東京、大阪、JQなどゴチック文字で、制度信用銘柄の場合は東京②など上場市場の後の文字を○で囲って示しています。JQ㊞はJASDAQの制度信用銘柄であることを表しています。

**信用取引で気をつけなければならないのは、決済に期限があることです。**最近では、無期限の一般信用取引制度を取り入れる証券会社も出てきてい

## 信用残で将来の需給を占う

〈例：7202 いすゞ自動車〉

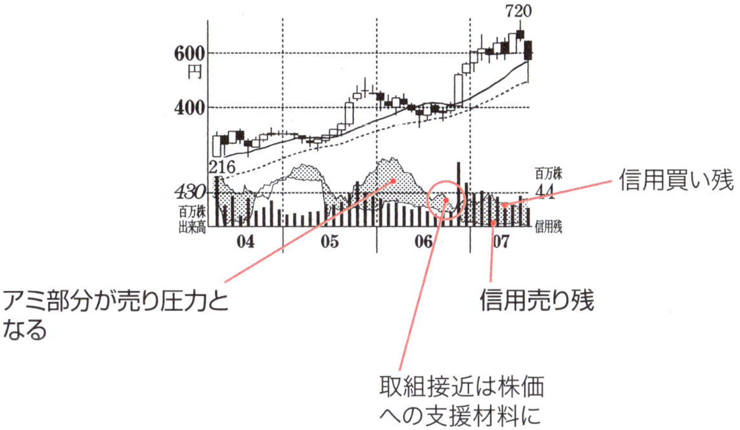


ますが、ほとんどの場合、６カ月間です。信用で株を購入した後、６カ月以内に株価が予想どおりに値上がりすれば、反対売買（この場合、株式の売却）をして値上がりによる利益を得ることができます。信用売りを行った場合も、６カ月以内に株価が予想どおり値下がりすれば、株を買い戻すことによって値下がりで生じた利益を得ることができます。しかし、いずれの場合も、株価が予想と反対の動きをした場合、投資家の損失となります。

『四季報』では、株価チャート欄の下のほうに信用買い残と信用売り残を折れ線グラフで掲載しています。信用買い残が売り残を上回っている場合は、その部分にアミをかけて、一目でわかるようになっています。

実戦ドリル

# 3 信用取引と信用倍率

## 信用買い残高、売り残高で上がる銘柄を探す

Q

A社とB社では、今後、どちらの会社の株価が上がる可能性が高いでしょうか。

| | 今期営業増益率 | 予想PER | 信用買い残 | 信用売り残 | 信用倍率 |
|---|---|---|---|---|---|
| A社 | 10% | 15倍 | 300万株 | 100万株 | 3.00倍 |
| B社 | 10% | 15倍 | 100万株 | 300万株 | 0.33倍 |

A

正解はB社。A社もB社も今期営業利益の増益率は10%で同じ。予想PERは両社とも15倍だ。しかし、A社の信用買い残は300万株、信用売り残は100万株、これに対してB社の信用買い残は100万株、信用売り残は300万株ある。A社の場合、信用で買っている人が多いので、株価が上がると利益を確定するため反対売買を行い、株価の上昇が抑えられる可能性がある。ところが、B社の場合は信用で売っている人が多いため、株価が上がると、あわてて買い戻そうとする可能性がある。したがってB社のほうが株価が上がる可能性が高いと判断できるわけだ。

信用で売っている人は、なぜ買い戻さないといけないのかしら。

ポイントは、信用買いや信用売りなど信用取引には、期限があるということだ。信用取引の大半は6カ月を期限とする取引。この場合、信用買いを行っている人は、6カ月以内に買った株を売却して証券会社から借りたおカネを返さなければいけないし、信用売りをしていた人は、6カ月以内に証券会社から借りた株を買い戻して返却しなければいけない。

では、信用買い残が少なくて売り残が多い銘柄を選べばいいのね。

銘柄選択はそれほど単純ではないんだ。信用買いがほとんどない銘柄というのは、先高期待を持つ投資家が少ないこと、つまり人気がないことを意味する。一方、信用買い残が積み上がってしまった銘柄は、将来の売り要因を抱えたままなので株価の上昇が抑えられる心配がある。信用買い残も信用売り残も増加し、かつ両者が接近している「取り組み妙味」がある銘柄を選ぶことが大切だ。その際、目安となるのが、信用取組倍率（貸借倍率）だ。信用倍率は、信用買い残を信用売り残で割って求める。A社の場合、信用倍率は３倍、B社は0.33倍ということになる。信用売り残が信用買い残を上回れば信用倍率はB社のように１倍以下、つまり将来の買い戻し圧力が強まっていることになるんだ。こうした時、買い方の勢いが勝り株価が上昇を続ければ、売り方は損失を少なくするため反対売買を行わざるを得なくなる。ただ、株価が下落傾向にある場合は売り方が優勢で売り崩される危険があるので注意が必要だ。

逆日歩（ぎゃくひぶ）銘柄を狙えと言われたことがあるけど。

信用売りが活発に行われると、証券会社に貸す株がなくなることがある。その場合、証券会社は証券金融会社から株を借りて投資家に株を貸すが、証券金融会社にも株がなくなると、今度は証券金融会社が生命保険会社など株を持っている機関投資家から株を借りることになる。こうした場合、証券会社は投資家から品貸料を徴収するが、この品貸料のことを逆日歩と言っている。信用売りの場合、本来、利子を受け取ることができる。しかし、逆日歩が付くと逆に品貸料を払わなければいけない。こうした場合、株価が上がると、売り方は売った価格と関係なく買い戻しをせざるを得ない状況に追い込まれ、株価が急騰する。仕手戦ではこうした「踏み上げ」が起こることがしばしば見られる。

## 4 出来高でわかる人気の度合い

➡ 出来高が株価に先行する性質を利用して、今後の株価の動きを探る

テクニカル分析を行ううえでチャート分析とともに大切なことは、出来高の動きに注目することです。

出来高は、売りと買いの取引が成立した株数のことです。たとえば、売り1万株に対して買い1万株があり、この商いが成立すると、出来高は1万株ということになります（出来高に売買単価をかけたものが売買代金です）。

**出来高は相場のバロメーター**といわれるように、株価の勢いの強弱を示しています。**出来高が膨らんでいる時は、株式投資を行おうという買い手も売り手も株式市場に参加していて、売買が活発に行われていることを示しています。**出来高が少ないときは、株式市場に参加している買い手も売り手も株式を売買する意欲に乏しいか、あるいは市場に参加する人が減少していることを示しています。この場合、株価の先行きに対する投資家の考え方は消極的で、自信がない状態と言っていいでしょう。

出来高を見るうえで重要なことは、**「出来高は株価に先行する」傾向がある**という性質を利用することです。とりわけ株価が長い間上昇していて株価がピークに向かっている時は、株価がピークをつけるより前に出来高が減少することがしばしば見られます。また、株価が値下がり、あるいは底値圏でモミ合っているにもかかわらず、出来高が増加することもあります。この場合、その銘柄の株価は下がりすぎだと考える投資家が増え始めていることを意味しています。そのうちに売りが減り、株価が上昇に転じることを期待できるでしょう。

しかし、いつも出来高が株価に先行するとは限りません。株価の下落のピークと出来高の増加のピークは一致することが多く、中でも「セリング・クライマックス」と呼ばれる下げ相場の最終局面の動きはよく知られています。そうした時、多くの投資家が恐怖にかられて行う投げ売りと、歴史的な安値圏と見た長期投資目的の投資家の買いが激しく交錯して、出

## 出来高は株価と比例する

〈例：7011 三菱重工業〉

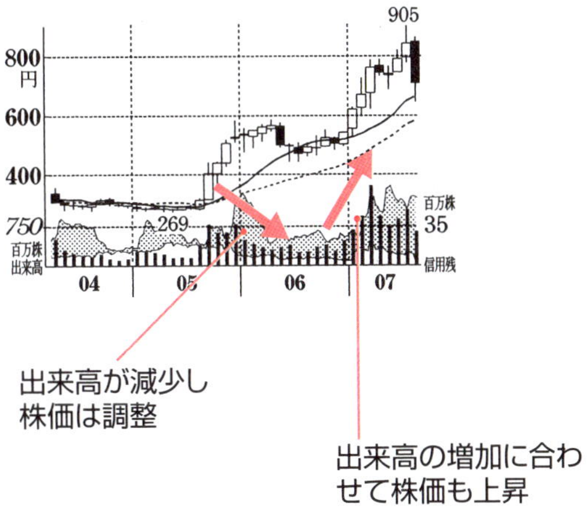


来高が急増するケースが多いようです。

『四季報』では、チャート欄に月足のローソク足、移動平均線、信用残とともに、その月の出来高の状況を棒グラフで示しています。株価欄では、直近5カ月間の株価の高値・安値の推移の横に月間出来高の数値を掲載しています。

ローソク足や移動平均線、信用残、出来高はそれぞれが独立して存在するのではなく、相互に影響し合っています。たとえば、株価がピークをつける場合、その前に出来高が減少するだけではなく、ローソク足で長い上ヒゲをつけることが多くなります。反対に下落の最終局面では、ローソク足の長い下ヒゲと出来高の増加はほぼ一致しています。テクニカル分析では、四つの物差しを総合的に見て判断することが大切です。

実戦ドリル

# 4 出来高と流動性

## 特定株比率で株式の流動性にも注意する

Q

A社とB社では、どちらのほうが流動性があると判断できるでしょうか。

| | 発行済み株式数 | 特定株比率 | 流通株数 |
|---|---|---|---|
| A社 | 8,000万株 | 30% | 5,600万株 |
| B社 | 1億株 | 50% | 5,000万株 |

A

正解はA社。B社の発行済み株式数は1億株でA社を上回っているが、特定株比率は50%。実際に株式市場に流通している株数は1億株×（1－0.5）＝5,000万株ということになってしまう。一方、A社の発行済み株式数は8,000万株とB社より少ないけど、特定株比率が30%とB社より高いため、市場に流通している株数は8,000万株×（1－0.3）＝5,600万株。したがってA社のほうがB社と比べて流動性が高い銘柄ということができるんだ。

何で株式の流動性が大事なの。

株式の売買は、売りたい人の株数と価格が買いたい人の株数と価格に一致した時、初めて成立する。このため、市場に出回っている株数が少ない銘柄、つまり流動性が低い銘柄の場合、普通は出来高も少なくて、売りたい時に売れないことも珍しくないんだ。価格にしても同様だ。流動性が少ない銘柄の場合、多くの株数を売ろうとすると、それだけで株価が下がり、希望する価格で売れないということがしばしば起こる。

流動性はどうやって調べたらいいのかしら。

まず発行済み株式数をチェックすることが大切だ。発行済み株式数が2億株以上といった大型株の場合、流動性の心配をする必要はほとんどない。しかし、発行済み株式数が6,000万株未満のような小型株、あるいはJASDAQ、東証マザーズ、大証ヘラクレスなどの新興市場の銘柄、地方取引所に上場している銘柄では、発行済み株式数が少なく、流動性に難があることも少なくない。こうした銘柄の場合、『四季報』の【株主】欄で、特定株や浮動株の比率を調べることが大切だ。

『四季報』では、大株主上位10位までの持ち株数と、役員の持ち株数、自己株の合計を「少数特定者持株数」と考えて、これを発行済み株式数で割った比率を特定株比率として掲載している。こうした大株主は、個人投資家と違って会社の支配や経営に深くかかわっており、市場で株式を売る可能性は低いと考えられる。最近では株式の持ち合いも再び増えてきているので、特定株の比率には注意が必要だ。

一方、浮動株比率とは、1単元以上50単元未満の株主が持っている株数の合計を、発行済み株式数で除した比率。持ち株の少ない株主の場合、株主総会での提案権がないなど株主としての権利に制限があるため、純粋な投資目的が多く、浮動株比率が高い銘柄はそれだけ流動性が高いと言える。

市場に流通している株式数がすごく少ないと、上場廃止になるんだよね。

特定株主の持ち株比率が70%を超える会社は、800社と全上場企業の2割もある。こうした銘柄は、発行済み株式数が多くても、実際に市場に流通している株数は少ないため、公正な株価形成の妨げとなる可能性がある。東京証券取引所では、債務超過など経営面での問題とともに、大株主による持ち株比率といった株式の分布の状況など、株式の流通の問題を上場廃止基準の一つとして位置づけている。それだけ流動性は大切な問題なんだ。

# 第8章

# 「よい情報」と「悪い情報」、違いがわかる具体例

# 1 株主に支払うコストとは？

➡ 損益計算書には出てこない「資本コスト」が株価を決める

ここ数年、「会社は誰のものか」という議論が株式市場をにぎわしてきました。この問いかけが端的に示したとおり、**企業活動やその収益には、株主以外にも従業員、取引先、顧客、地域社会など多くの関係者がかかわりを持っています。これを利害関係人（ステークホルダー）と呼びます。**

顧客は会社から商品やサービスを購入して、その対価を支払います。これが会社の売上となります。会社が商品やサービスを生み出せるのは、取引先や従業員から原材料や労働を提供されているからです。このコストは原材料費や人件費などさまざまな費用項目として把握されます。会社に資金を貸し付けている債権者には支払利息という形での分配が行われ、さらに政府には税金が支払われます。利害関係人と会社とのこうした関係は、会社の経営成績を示す損益計算書で確認できます。**株主以外の利害関係人にすべて支払いを済ませた後で、最後に残ったのが損益計算書の最下段にある最終損益であり、これが株主の取り分です。株主は会社の所有者として、最後に残った損益が大損でも大儲けでもそのリスクとリターンを背負っているわけです。**

では、株主から経営を任せられている経営者は、黒字が出ていれば株主に対して義務を果たしたことになるのでしょうか。従来、日本では、「株主からの資金にはコストがかからない」などと考えるのが経営者の常識であり、株主から預かっている資金を財テクや採算の低い投資に注ぎ込むことがありました。「会社は誰のものか」という議論が起こったのは、従来、株主を軽視してきた姿勢への反動という面もあります。

具体的に株主への義務、株主が求めるコストとは何を意味するのでしょうか。株主が求めているのは配当だけではありません。株主が資金を提供するのは、株主に帰属する利益成長を見返りとして求めているからです。**株主は投資に対する成果として、配当によるインカムゲインだけでなく、利益成長を反映したキャピタルゲインにも強い関心がある**のです。

損益計算書に表れる利害関係人への収益分配

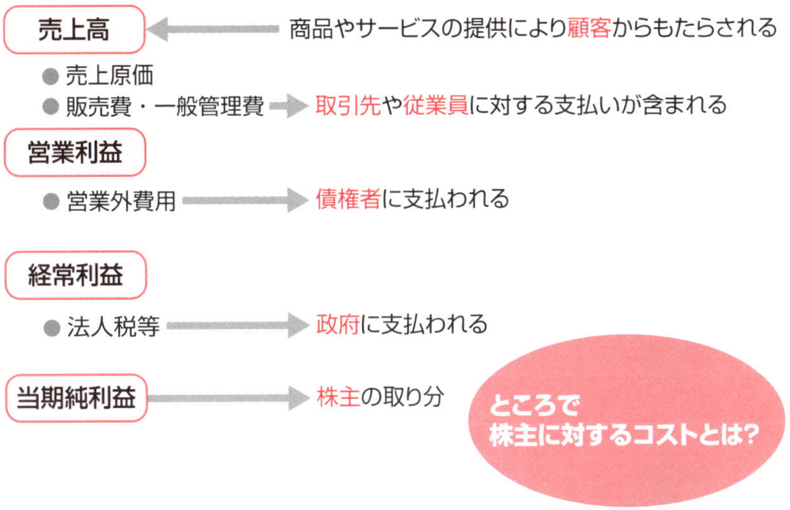


第5章においては、株式投資に対して投資家が求める利回りとして「要求収益率」という考え方を説明しました。この第8章では「資本コスト」という言葉を使います。この二つは同じもので、「要求収益率」は株主から見た収益率であるのに対し、「資本コスト」は会社の側からそれをコストとしてとらえた表現であると理解してください。

株価は日々、さまざまなニュースや情報を織り込んで動いています。株価は将来の利益を反映して動きます。この意味で、会社が発表する今期の業績計画など利益に直接かかわる情報は、株価を見通すうえで最も重要と言えるでしょう。その一方で、にわかには株価に与える影響を判断するのが難しい情報も数多くあります。たとえばM&Aや新規事業への参入、新工場建設などの設備投資、増資や有利子負債の返済などの資本政策、配当方針の変更などです。こういった情報に関する基本的な知識は、なぜ株価が動いたか、今後の株価をどう考えるか検討する際の手掛かりを与えてくれます。第8章では、「資本コスト」という切り口などを通じて、さまざまな情報を判断する際の基本的な考え方を整理します。

実戦ドリル

# 1 資本コストの高い会社、低い会社

## 株主資本コストは会社により異なる

Q

次の選択肢の中から正しいものを選んでください。

①株主の資本コストは配当利回りで測定される

②新株予約権付社債は通常、クーポンが普通社債より低く、普通社債より資本コストは小さい

③株主の資金提供に対するコストは損益計算書には明示されていない

A

株主が会社に対して求めているのは、配当だけではありません。よって①は誤り。新株予約権付社債、いわゆる転換社債のクーポンが小さいのは、株価が上昇した場合に予め定めた転換価格で株式に転換できるから。転換社債への投資家が期待しているのもクーポン収入だけではありません。②も誤り。正解は③だね。

何となく腑に落ちません。他の利害関係人に対するコストと違って、株主に対するコストといっても、そのつど実際に支払われているわけでもないし。それに、損益計算書に出てこなかったら、個々の会社について資本コストを知る方法だってわからないし……。

第５章の「要求収益率」の話を思い出してくれる？　資本コストとは株式投資家が個々の会社に求めている要求収益率のことだ。要求収益率は、長期債利回りに加えて、株式の将来収益が見通せない分だけ、利回りを上乗せしたものだった。だから通常は、社債などより資本コストが高くなるのは当然だよね。また、同じ株式でも、よりリスクが高い株、株価のぶれやすい会社のほうが資本コストは高くなるという理屈もわかるでしょ？　将来の投資収益の不確実さを補うための上乗せ利回りなんだから。株式市場全

体と比較した場合、個別株のリターンのぶれやすさは過去の株価の動きなどから推測できる。つまり、個々の会社の株主が求めている資本コストは、過去の株式市場の動きなど金融市場を手がかりとして、そこで求めることが多いんだ。

そう聞くと、どの会社の資本コストが高そうかとか、何となくイメージがつかめてきました。たとえば花王のコストは低いけれども、新興市場の株は高いとか、イメージはつかめます。会社によって資本コストは6％だったり、9％だったりするわけですね。ところで、資本コスト分だけ利回りを稼げないと、いったい会社はどうなるんですか？　債権ならば利払いができなければ倒産につながりますが……。

いい質問が出てきたね。いくら利益が黒字でも、また増益であったとしても、将来、資本コストに見合うだけの利益が稼げないと思われている会社の株価は、１株当たり純資産を割り込みます。つまり、PBR１倍以下の株は、この先の利益が、投資家が求めている水準にまで達していないと思われている会社と考えればよい。

じゃ、逆にPBRが１倍以上の会社はどうなのかしら？

たとえばPBRが３倍の会社で説明すると、これから先にこの会社は資本コストを上回る利益を稼いでいくと市場はみなしている。その超過部分の合計額がちょうど純資産の２倍に当たると、株式市場はみなしているんだ。現在の純資産の１＋将来稼ぐ分２でPBRは３倍だ。もしもっと詳しく知りたいなら、『四季報』と同時に発売されている『会社四季報プロ500』の「理論株価」の説明が一つの参考になるよ。将来の業績見通しが今の株価にどういう影響を与えるか、今までよりは少しイメージがつかめてきたんじゃないかな。

## 2 「企業価値」と「株主価値」

➡ 企業価値を向上させるかどうかの視点から、情報の整理を試みる

経営者は、株主が求める期待収益である資本コストを意識した経営を行わなければなりません。**会社の収益力が向上し、資本コストを上回って稼ぐ度合いが高まれば、将来にわたる株主取り分の現在の期待値である「株主価値」も増加します。株式市場が会社を正しく評価し、株価の値付けが信頼できる時、株主価値は時価総額に一致します。**

さて、企業の評価には「株主価値」とは別に「企業価値」という用語も使われます。ライブドアとフジテレビとの間でのニッポン放送株をめぐる争いなどで、この言葉を知った方も多いでしょう。通常、**企業価値とは、株主価値（株主の持ち分）に有利子負債（債権者の持ち分）を加えたものと定義されます。**ただ日本では、株主価値経営といった言葉には、「株主以外の利益を顧みない経営」といったニュアンスを感じる向きもあるためか、株主価値に代えて企業価値という言葉が好んで使われるようです。

会社は資金を調達して、その資金を事業に投じます。資金を提供するのは株主と債権者です。従って、会社が新規事業に参入したり、新工場を建設したりする場合には、株主に対するコストである株主資本コストだけでなく、債権者へのコストも考慮して加重平均したコストを将来の収益が上回るかどうかが意思決定の分かれ目となります。

**通常、負債のコストは株主資本コストよりも低いものです。また支払利息は税前利益を減らすため、その分税金による社外流出を節約できます。よって、負債を取り入れることで、企業は全体の資本コストを低下させることができます。**また株主の立場からみると、負債活用にはそれ以外のメリットもあります。負債に対する支払義務が、経営者によい意味での緊張感を持たせることがあるのです。これを「負債の規律効果」と言います。

従来、借金のない会社は、「無借金経営」として優良会社の代名詞のように扱われてきました。確かに財務基盤の強さ、財務の安全性といった立場からは、無借金は優れた特質です。ただ、企業価値の観点からは無借金

## 「企業価値と株主価値」の違い

〈例：7751 キヤノン〉

| | |
|---|---|
| 【株式】7/31 | 1,333,611千株 |
| 単位 100株 | 貸借 |
| 時価総額 87,218億円 | 225 |
| 【財務】〈◉中07.6〉 | 百万円 |
| 総資産 | 4,608,514 |
| 株主持分 | 3,074,367 |
| 株主持分比率 | 66.7% |
| 資本金 | 174,674 |
| 利益剰余金 | 2,598,044 |
| 有利子負債 | 21,591 |
| 【指標等】 | 〈◉06.12〉 |
| ROE | 15.2% 予16.3% |
| ROA | 10.1% 予10.8% |
| 調整1株益 | 341.8円 |
| 最高純益(06.12) | 455,325 |
| 設備投資 | 3,796億 予4,500億 |
| 減価償却 | 2,622億 予3,600億 |
| 研究開発 | 3,083億 予3,600億 |
| 【キャッシュフロー】 | 億円 |
| 営業CF | 6,952( 6,056) |
| 投資CF | ▲4,608(▲4,011) |
| 財務CF | ▲1,074( ▲939) |
| 現金同等物 | 11,556(10,049) |

株式市場の評価が正しいとすると株主価値は87,218億円

有利子負債の時価を簿価で代用すると21,591億円

企業価値＝株主価値＋有利子負債＝108,809億円

**負債を持つメリット**

①負債の規律効果
債務返済が経営者に緊張感を持たせる

②資本コストの低下
負債は株主資本よりコストが低い
支払利息分だけ利益が減るので節税につながる

が逆にマイナスとなることもあります。他の企業ではできない事業を行ってもらうために、株主はおカネを企業に預けています。現預金や有価証券への投資ならば、投資家が自分で行えば済むことです。現預金などの形で無駄に資金を溜め込んでいる会社は、その分だけ企業価値を損ねていることになります。また資本コストの観点からも、無借金ではなく負債を一部取り入れたほうが、全体の資本コストの低下につながります。買収ファンドが、買収後に借金が増えるにもかかわらず、買収先の資産を担保に買収資金を借り入れでまかなったりするのも、負債活用にこうした効果があるからです。

会社のどの事業が企業価値を生んでいるか、事業の選択と集中は十分か、新工場建設や海外展開、新事業への参入といった投資は果たして、企業価値の向上につながるかどうか、また資金の調達方法は適切かどうか。ただ利益を計上しているかどうかではなく、その投資から期待できるリターンが資本コストを上回るかどうかを意識することで、会社をめぐる情報がより整理しやすくなります。

実戦ドリル

# 2 負債が多くても大丈夫な会社

## 業種、会社で望ましい財務内容は異なる

Q

次の選択肢の中から正しいものを選んでください。
①無借金会社は迷わず「買い」だ
②資本コストの観点から負債は多いほうがよい
③業種や会社の事情に応じて、適切な資本構成は異なる

A

①は間違いだわ。株主資本コストは、長期金利に株式投資のリスクを負担することに見合う利回りを上乗せしたものだし、負債には支払利息の損金算入という効果もある。だから、無借金会社が要求されている利益水準、資本コストは高いわ。正解は②ね。

確かに、①は誤りだと思います。株式を発行して、その資金で借金を返済した会社があったとすれば、経営者が資本コストが高くなることを理解していないと株式市場から見なされると思います。正解は②か③かと悩んだんですが、もしも②が正しいんだったら、株主持分の比率がすごく低い、過小資本の会社ほどよいことになってしまうし……。

**2人とも復習はしたようだね。①は間違い。②も間違いなんだ。確かに負債を取り入れるメリットはある。でも、負債が多くなりすぎると倒産のリスクが高まってくる。そんな会社に、投資家が低いコストで株を引き受けたり、おカネを貸したりすると思うかい？　負債が多くなりすぎると、株主資本コスト、負債コストがそれぞれ上昇するので、負債を取り入れるメリットは逆に失われてしまう。**

③が正しいとすると、業種や会社の実情に応じて、望ましい負債の水準があるっていうこと？　具体的にはどういうこと？

**負債比率で資本コストは変わる**

- 負債比率が上昇 → 会社全体の資本コストは低下

※株主資本コストより負債コストが安い
支払利息による節税効果

- ただし、負債が大きくなりすぎると → 会社全体の資本コストは再上昇

※倒産リスクの高まりにより
株主資本コスト、負債コストとも高まるため

事業基盤がしっかりしていて、毎年、確実にキャッシュを生むことが見込める会社であれば、借金返済に支障はなく倒産の可能性は低いと考えられるから、負債の水準がある程度高くても大丈夫だと言える。たとえば電力会社といった規制に守られた業種や、規模の大きい優良企業などがこれに当たるね。反対に、まだ事業基盤が固まっていない会社やテクノロジーなど競争が厳しく環境変化の激しい業界では、ある程度株主持分の比率が高いほうがいいだろうね。

買収ファンドが目をつけるような会社は、成長性はともかくとして、顧客基盤などはしっかりしている老舗会社が多いような気がします。こういう会社であれば、キャッシュをしっかり稼ぐから、少々負債があっても大丈夫ですね。

そのとおり。史上最大の買収劇と言われた米国のナビスコも事業はタバコ、食品だった。キャッシュフローを稼ぐ力がしっかりしているからこそ、買収先の資産を担保に買収資金を調達するLBOなんていう手法が成り立つんだね。負債を持たせることで規律を与えるなどメリットもあるしね。

# 3 事業の優先順位を見極める

➡ どの事業を優先するか、経営資源を配分する順番を決める

企業が企業価値、株主価値を向上させるためには、資本コストを上回って収益を生む事業を確立する必要があります。**どんなに優れた内容で大きく儲かっている事業であっても、永遠に成長を続けることはできません。企業は常に新しい市場を発掘し、事業や商品の種をまいて育てるという課題を背負っています。**従来から付き合っている既存の顧客、現在扱っている商品だけで、将来の成長が保証されるとは限りません。このため企業は新たな市場を開発したり、製品を投入したりして、成長を図ろうとします。まったく新しい市場に、新しい製品で参入する取り組みを「多角化」と言います。これに対して、既存の顧客に新しい商品を提供することを「製品開発」、また従来の商品を新たな市場に投入することを「市場開拓」と呼びます。

では、個々の企業は、既存の事業や新たに取り組む事業に対して、どのようにおカネなどの経営資源を配分していくのでしょうか。ここでは、世界的コンサルティング会社であるボストンコンサルティンググループ（BCG）が考案したとされるプロダクト・ポートフォリオ・マネジメント（PPM）の考え方を紹介します。

ここでは、事業は図のように四つに分かれます。タテ軸は、キャッシュ需要を反映する指標として、事業が属する市場成長率の高低を示します。またヨコ軸は、キャッシュ創出力を反映する指標として、その事業の市場全体における相対的マーケットシェアの高低（トップ企業の場合、2位企業のシェアに対する自社のシェアの比率。2位以下の企業の場合、トップ企業のシェアに対する自社のシェアの比率）を示します。図の中の市場成長率と相対的マーケットシェアに応じて各事業は位置づけられます。左下に位置する事業は、「金のなる木」と呼ばれます。相対シェアが高い一方で市場成長率は低く、利益は安定しています。市場は成熟期に入っており、新規投資などでそれほど多くのおカネを必要としません。左上は「花形製

## 事業戦略を見極める

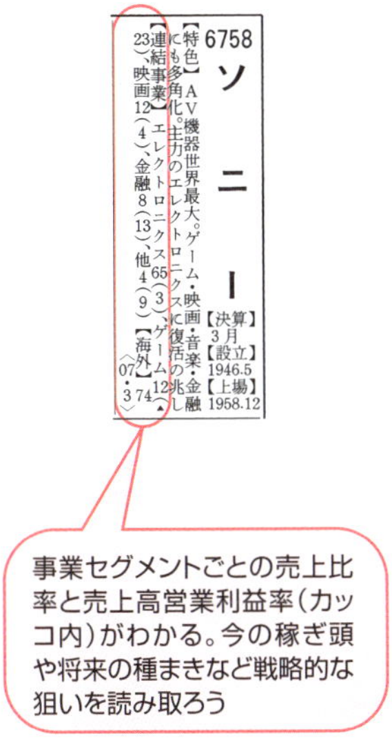


●ボストンコンサルティンググループのPPM

市場におけるシェア（横軸）／市場の成長性（縦軸）

| | | |
|---|---|---|
| 市場の成長性 | 花形<br>高成長･高シェア | 問題児<br>高成長･低シェア |
| | 金のなる木<br>低成長･高シェア | 負け犬<br>低成長･低シェア |

品」の属する領域です。市場が成長期にあることから、利益は増加しますが、ライバル企業との競争も厳しく、おカネも必要です。右上は「問題児」です。市場成長率は高いのですが、相対シェアが低いため、競争に勝ち抜くにはおカネが必要です。右下の「負け犬」は、市場成長率も低くて相対シェアも低いという事業です。事業には、生み出されてから成長し、成熟してやがて衰退するというライフサイクルがあります。**「金のなる木」でおカネを生み出し、これを「花形製品」や「問題児」に投入することで、「花形製品」は将来の「金のなる木」、「問題児」は「花形製品」を目指す**のです。

『四季報』では、【連結事業】【単独事業】欄で、部門別の売上構成比率とカッコ内に売上高営業利益率を掲載しています。会社によっては、事業ごとの情報を細かく開示しない企業もあるので注意が必要ですが、企業の今の稼ぎ頭が何か、また将来、どんな事業や商品の種をまいて育てようとしているのかなど、企業の戦略的な狙いがより理解しやすくなります。

実戦ドリル

# 3 企業戦略を評価しよう

## 会社の戦略には型がある

Q

複数の事業を行っている企業が、おカネなど経営資源の配分を行う際の考え方として、最も妥当と考えられるものはどれでしょうか。

①事業の ROE を比較して、ROE が高い順番から投資する
②市場が成長しているのに、シェアが低い事業は見込みがないので撤退する
③成熟期にあってシェアも高い事業から生み出された余剰キャッシュを、他の将来有望と考える事業に投入する

A

①が正解じゃないかしら。ROE が十分に高いならば、債権者や株主が求めている要求利回り、資本コストを上回っているハズだわ。今、企業価値、株主価値を生んでいる事業から順におカネを使うべきではないかしら。

**なかなかの難問だろう？　株主価値を高めるという観点からは、そう考えるのも無理はないね。でも、株主価値を生み出している事業の中には、すでに市場が成熟していて、今後の成長はあまり期待できず、おカネを注ぎ込んでも意味がないこともあるよ。**

②は誤りだと思います。成長している市場に新規で参入する場合は、最後発だからシェアは低いハズです。でも、有望な技術や商品を持っていたり、事業モデルが優れていたりして、後発企業にもチャンスがあることは、珍しくないと思います。

**そうだね。企業が将来有望と考えれば、おカネやヒトなど経営資源は重点的に配分すべきだね、ということで正解は③だ。**

企業のホームページなどを見ると、よく「経営戦略」とか「競争戦略」とか書いてあるわ。でも、戦略の何がポイントなのか、ど

う評価したらいいのか、わからないんだけれども。戦略を理解するうえで、「型」というか何か分類のようなものはないのかしら。

僕が説明してもいいですか？　実は、ちょうど最近勉強したところなんです。

**それは感心だね。ひょっとして、定番の何百ページもある大著を読んだのかな？　話してごらん。**

ハーバード・ビジネス・スクールのマイケル・ポーター教授によると、企業の競争戦略は、①コスト・リーダーシップ、②差別化、③集中の三つの戦略に分けられます。コスト・リーダーシップとは、競争している会社に対してコスト面で競争力をつけて優位を築く戦略です。差別化は、価格以外の点で競争会社とは違ったやり方で顧客に訴える戦略です。最後の集中戦略では、市場全体ではなく、その中のたとえば一部の顧客などニッチ分野でのコスト・リーダーシップや差別化を図ります。

**コスト・リーダーシップは、業界のトップ企業など上位の会社に多い戦略だね。なぜだかわかる？**

たとえば製造業であれば、生産量が多い分だけ、売上などに対する固定費、間接費の割合が低くなります。原材料を購買する際も競争相手より有利となるし、経験の積み重ねによって、生産の歩留まりがよくなったり、いろんな面でコスト優位を築きやすくなります。

**差別化は、競争会社とは違ったやり方で顧客に訴えると言ったけれど、具体的にはどんなやり方があるのかな？**

私にも答えさせて。たとえば、製品の質だったり、ユニークなデザインだったり、それ以外にもアフターサービスとか、企業のイメージとかも影響すると思うわ。

**企業が発表する中期的、長期的な成長戦略などを吟味するうえでは、こういった経営に関する知識が大きな手助けとなるね。基本的なところが頭に入ったら、あとは具体的にいろんな会社のケースに当たってみるのもいいだろう。『週刊東洋経済』に掲載されている個々の企業のレポート記事なんかも参考になるよ。**

# 4 よいM&Aと悪いM&A

➡ M&Aのポイントは、合併効果と割当比率の読みで決まる

企業環境のグローバル化、競争激化が意識されるにつれ、日本でもM&Aが経営戦略上の選択肢としての役割を高めてきています。M&Aとは、Merger（合併）& Acqusition（買収）の略で、他の企業と一体になったり、あるいは子会社化したり、事業を譲り受けたりと、他社の経営資源を用いて成長を加速する手法です。M&Aの形態には、「株式移転」による持株会社設立、「株式交換」による完全子会社化などさまざまなものがありますが、ここではグループをまたいだ複数の企業が一つになる「合併」について取り上げます。

従来、日本では合併はどちらの企業が主で、どちらが従であるということがはっきりしない、「対等合併」が中心でした。お互いのメンツや合併後に予想される軋轢（あつれき）を避けるため、合併企業の間では、社名や社長ポスト、役員数、本社所在地などで両社が対等に折り合うことが優先されたのです。

しかし、**まったくの対等合併を例外として、実態を見れば、合併とは、一つの会社が別の会社を支配するようになる手続きと考えられます。合併に際しては、消滅する会社の株主に対して存続（あるいは新設）会社の株式が割り当てられます。**最近では、株価などから判断して、消滅会社の株主に対して株数を上乗せして割り当てるケースが目立ってきました。これは存続会社が消滅会社の経営支配権を得るために、消滅会社の株主に合併を納得してもらうための補償として、上乗せ額（プレミアム）を支払うためです。

なぜ買収会社はプレミアムを支払うのでしょうか。これは会社がM&Aを行う理由と深く関係しています。M&Aの大きな目的の一つは、合併によるシナジー（相乗）効果の獲得です。両社がそれぞれの経営資源をより有効活用すれば、株主価値の創造といった観点で、合併は単なる1＋1＝2以上の効果を生むことができます。プレミアムは、消滅会社の株主を説得するために、合併効果の一部を前倒しで与えているとも考えられます。

## 会社法によって可能となった三角合併

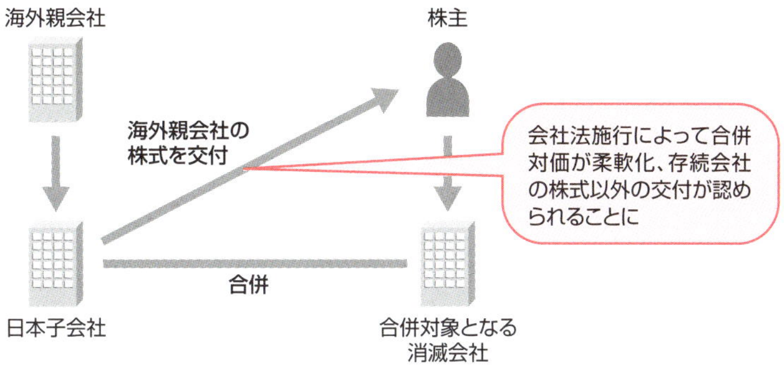


だとすると、**合併に接した投資家としては、合併によって見込まれる株主価値の向上度合い、すなわち合併に伴うシナジー効果と割当比率をどう評価するかが大事になってきます。**存続会社を評価する際には、「本当に会社が主張するような合併効果は期待できるのか」「消滅会社の株主に対してプレミアムを払いすぎてないか」に注意します。反対に、消滅会社にとっては、「プレミアムが十分かどうか」がポイントです。合併比率の発表があれば、2社の株価は割当比率の関係にサヤ寄せするはずです。もしも、シナジー効果が発揮されるかどうかが不透明で、かつプレミアムが十分だと考えるならば、消滅会社の株主としては、存続会社の株式を割り当てられて株主として長期保有するよりも、割当前に株式市場で売却し、キャッシュを得ておくことも合理的な選択となります。

**新会社法の導入によって、合併対価は買収会社の株式に限られなくなりました。これを「合併対価の柔軟化」と言います。外国企業の日本法人であれば、親会社の外国株式を割り当てること（いわゆる「三角合併」）も可能です。**今後は海外同様に、全部あるいは一部を現金で支払ったりする合併も出てくるでしょう。被買収企業の株主が、株式でなく現金を受け取る時は、買収会社とは株主としての関係がなくなります。損得勘定がハッキリし、キャッシュを確実に手にできる点で、現金による合併は被買収企業の株主にとって株式を渡されるよりも条件がよいとの見方があります。

実戦ドリル

# 4 株価でM&Aの思惑を探る

## 株価変動で思わぬ投資成果を得ることも

Q

M&Aに際しての株価の動きについて、以下の選択肢の中で正しくないものはどれでしょうか？

①合併において、買収会社、被買収会社の株価が割当比率の関係にサヤ寄せしないことがある

②合併において、買収会社の株主と被買収会社の株主の利益が相反することがある

③TOB（株式公開買い付け）では、現金買収のほうが株式交換よりも条件がよいと考えられる

A

正解は③です。では、①から説明してみよう。A社（株価500円）とB社（株価300円）が合併を発表した。B社1株に対してA社株を0.8株割り当てる。A社の株価は500円のまま動いていない。この時、B社の株価は400円（＝500円×0.8）になるはずだね。ところが、計算上の400円にはならないことがあるんだ。

ずいぶん変な話ね。頭の悪い投資家がいるからじゃないの？

そうではなくて、そもそも割当比率で計算される株価が多くの投資家にとって納得できないことがある。そうするとたとえば、合併を発表したからといって、必ず合併が成功するとは限らないだろう。また経営者同士の折り合いが悪いケースなどでは、「合併は白紙に戻します」といったリスクもあるよね。この場合、計算上の株価には、もとの株価と比較して33%のプレミアム（＝（400円÷300円－1）×100%）がついているけれども、白紙になるかもしれないと思えば、B社の株価は400円まで上昇

しないかもしれないね。これと反対に、Ａ社だけでなく、第三の立場にあるＣ社もＢ社との合併を狙っていたり、またＢ社の大株主が33%の上乗せ幅ではＢ社株を手放すつもりがなかったりという状況なら、どうなると思う？　買収合戦が起こるとか、大株主を説得するためにプレミアムが引き上げられるのではといった思惑から、株価が400円を上回って推移する可能性も考えられないかい？

逆に言うと、株価から背後にある思惑や情報を読み取ることができるかもしれないわけですね。

そのとおり。株価が割当比率の関係にサヤ寄せしていない時は、株価が何を織り込んでいるかに十分注意したほうがいい。②が正しいことは明らかでしょう。買収側はできるだけ買収先を安く買いたいし、その反対に買収される側の株主としては、できるだけ高く買ってもらいたい。利害は対立しているね。

③も正解じゃないかしら。会社法で「対価の柔軟化」が認められたって聞いたけれど……。

それは合併による対価が柔軟になったという話。TOBとは違うよ。日本ではTOBの対価としては、株式を使うことは認められていないんだ。TOBの時も買付価格に対して、株価がサヤ寄せされていくとは限らない。TOBの目標価格が引き上げられるのではといった思惑が働いたり、TOBの失敗を狙う別の投資家が株式を買い集めたりと、状況が変化することもある。TOBの価格が現在の株価よりもすごく魅力的だったら、応募が買付数の上限を超えて、せっかく応募しても買ってもらえないリスクもある。TOBで対象となった株を持っていた場合、成立、不成立両方の可能性を探りながら、時には市場で株を手放したほうがよいなど、機敏な投資判断が求められるから注意してね。

# 5 配当政策を吟味する

➡ 企業の株主還元はまだ不十分、ただ増配が悪材料となることも

企業間の株式持ち合いが崩れ、外国人や個人といった純粋に投資目的で株を保有する投資家が存在感を高めたこともあり、企業はここ数年、株主還元の姿勢を強めています。一番の株主還元策は配当支払いです。業績のいかんにかかわらず毎年決まった配当額を維持する「安定配当」の時代は終わりを告げ、企業の配当政策は「業績連動」が主流となりつつあります。

現在、配当政策の基準として広く用いられているのが「配当性向」です。配当性向とは、各期の当期純利益に対する配当割合を比率として示した数値で、企業は「配当性向3割をメドとする」といった形で配当方針を決定し、対外的にも公表したりします。

導入する企業数は配当性向に比べて多くはないものの、業績連動配当の一形態として最近、採用企業が増えてきたものに、「総還元性向」や「株主持分配当率」があります。総還元性向とは、配当だけでなく自社株買いの金額も合算し、この総還元額の当期純利益に対する比率を示したもので、自社株買いに対する意識の高い企業での採用が目立ちます。株主持分配当率は、利益の代わりに株主持分に対する配当額の比率を定めるものです。配当性向に比較し、毎期の配当額が安定することから、証券会社など利益変動が激しい業態で採用する企業が目につきます。

**配当は、理論的には株価には影響を与えないと考えられています。配当すれば、その財産の流出分だけ、「配当落ち」として株価が下落することになります。**

ところが実際には、配当にからむニュースは株価を大きく動かすことがあります。たとえば企業が増配を発表すると、株価はこれを好感する傾向があります。たとえ業績連動で配当を決めると表明している企業であっても、いったん増配した以上は利益が少し減少した程度では配当を維持する企業が少なくありません。企業にとっては増配した直後の減配は行いにくいものです。

**代表的な配当基準**

| | |
|---|---|
| 配当性向 | 業績連動配当として最も一般的。当期純利益に対する配当の割合を定める。 |
| 総還元性向 | 当期純利益に対する総還元額の割合を定める。総還元額は配当額と自社株買い金額の合算値。 |
| 株主持分配当率 | 配当額の株主持分に対する割合を定める。 |

このため、**増配は将来の業績に対する企業の自信の表れとして受け止められることがあります。これを配当の「アナウンスメント効果」と呼びます。**また投資家は、配当に株価上昇を加えたトータルリターンを求めていますが、配当によるキャッシュは、株価上昇による含み益と違って、確実に手に入ることから価値が高いと感じる投資家が多いようです。

**配当方針は、その企業の資金需要や成長段階などに応じて決まってくるものです。**もし魅力的な投資機会があるならば、企業は資金をその事業や設備投資に振り向けたり、場合によっては買収に投じたりするべきです。ところが、すでに企業として成熟しており、資金需要がそれほどないにもかかわらず、余剰資金を手元に置いている企業もあります。日本企業の株主還元が総じて米国などに比べて、まだ不十分とされる原因の一つです。こうした会社が増配すると、「会社が株主価値を重視する姿勢に転じた」というメッセージとして、株式市場では好感されることがあります。

資金が余れば配当で株主に返し、必要な時にはまた増資すればよいという考え方もありますが、常によいタイミングで資金調達できるという保証はありません。そのため成長途上にあり、資金需要が強い企業では、配当を行わず内部留保が選択されやすくなります。**これまで内部留保や低配当を選択していた会社は、配当開始や増配が逆に、「魅力のある投資機会が乏しくなった」というメッセージとして受け止められ、株価に悪材料となる可能性もあります。**

実戦ドリル

# 5 自社株買いの留意点

自社株買い、株主優待と株価の関係

**Q**

次の選択肢の中から正しいものを選んでください。
①自社株買いを行うと必ず株価は上昇する
②株主優待の充実した会社の株価は上昇する
③増配しても株式市場が好感しないこともある

**A**

③が正解ね。これまで無配や低い配当を続けてきた成長企業が配当を開始したり、増配したりする場合に、「成長機会が乏しくなったので資金ニーズがなくなりました」という理由ならば、株価は下落すると思うわ。でも、①や②も正解のような気がするけれど……。

まず、理屈を説明するよ。自社株買いを行うと株式数は減るよね。一方で、自社株買いにおカネを使った分だけ資産も減る。時価で自社株買いを行えば、ちょうどその効果が見合いとなって理屈上株価は動かないと考えられるんだ。負債を増やしてそのおカネで自社株を買えば、株価が上がると主張する人もいるね。株式よりも負債のほうが通常資本コストが低いので、おカネを余分に持っている企業にとっては全体としての資本コストが低くなるメリットはある。でも、自社株買いで株主資本が小さくなって、負債が多くなりすぎれば、倒産リスクが増加するから、この時は企業価値が低下する可能性もあることは話したよね。だから、理屈から言えば、自社株買いで必ず株価が上昇するとは言えないんだ。

でも、株式数が減少するのだからEPSが増加します。これが株価上昇につながりませんか？

確かにEPSは増加することが多い。でも、赤字会社など収益力が低く、おカネをキャッシュにしておいたほうがマシな時は、自社株買いでキャッシュを使えば、かえって EPS が減ることもあるよ。

でも実際には、自社株買いは株価の上昇につながることが多いと思います。

配当の株価に対する影響と同じように考えてごらん。自社株買いの実施によって、「株価が割安だから自社株こそが魅力ある投資だと会社が考えている」というメッセージが伝われば、自社株買いは好材料ということになるね。株を取得するだけでなく、消却してなくしてしまえばさらにメッセージは強くなる。そうではなくて、持合解消で出てきた株を吸収したとか、ストックオプションの権利行使の株の手当てだったら、メッセージは弱いね。

私は優待制度が充実した会社は、個人投資家を大事にする意識の高い会社が多いと思うわ。優待を金額に換算して配当に加味した『四季報』の「実質高利回りランキング」は、巻頭巻末の企画の中で、一番のお気に入りなんだけど……。

株主優待は普通、その会社のサービスや商品を株主に無料あるいは格安で提供するようなものが多い。会社が株主優待を提供するのに追加のコストをほとんどかけずにすむならば、会社にとっても株主にとっても優待はいい制度だろうね。でも、たとえば他社の商品を提供するといった場合には、その分利益が減るわけだ。それだったらその分配当で欲しいという投資家もいるだろう。これは意見が分かれるところだね。『四季報』のすべてのランキングに言えることだけれども、ランキングだけで投資判断を行うのではなく、必ずその会社の掲載ページを読み込むことが大事だよ。業績や将来性が期待できて、そのうえで優待制度も充実しているんだったら、優待が充実した会社を保有することで、投資リターンだけでは味わえない満足感が得られると思うよ。

# 6 資金調達と株価の関係

➡ さまざまな資金調達における企業と株式市場の思惑を探る

株式による資金調達は、通常は、株価には悪材料と受け止められることが多いようです。発行済み株式数の増加が1株当たり利益の希薄化につながることが多いという面が、株式市場では強く意識されています。

**適正な株価で発行されるならば、理論的には新株発行は株価には影響しません。**それどころか、資金が収益性の高い投資に有効に使われると期待できるならば、新株発行の発表は株価の上昇をもたらす好材料となることもあるはずです。では、なぜ新株発行のニュースは市場では嫌気されることが多いのでしょうか。

**資金調達については、経営者が企業の状況を知る立場にある一方で、投資家が知る情報は乏しいという問題があります。**たとえば、ある会社が株式を発行したとします。投資家としては、「もし経営者が将来の株価に自信を持っているならば、果たして今、この株価で株式を発行するだろうか。代わりに社債発行や借り入れを行うのでは」といった読みが働きます。株式発行が嫌気されることが多い背景には、こうした市場心理が働いています。

新株予約権付社債、いわゆる転換社債について、発行側の経営者は何を意図しており、投資家はこれをどう考えるのでしょうか。転換価格を現在の株価より高く設定することで、経営者は「将来の株価上昇も見込んでいますよ」という姿勢を示そうとします。ところが投資家は、必ずしも経営者の意図したとおりに転換社債の発行を受け止めるとは限りません。転換社債においては、将来の株式転換というメリット、甘味剤がついているため、社債発行のクーポンは普通社債に比べて低く抑えられます。そのため、「経営者は株価上昇に自信がないにもかかわらず、それを見込んでいるポーズをとることで、クーポンを下げることが本当の狙いではないか」と考える投資家が出てきます。

では次に、ここ数年株式市場でも話題を呼んだ価格修正条項付転換社債、

## 何によって資金調達をするか

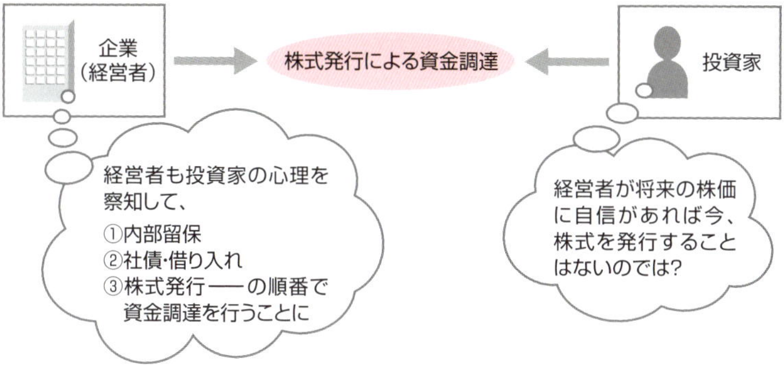


いわゆるMSCB（Moving Strike Convertible Bond）を考えてみましょう。MSCBでは発行後に株価が低下すれば、転換価格が下方修正されてより安い株価でも株式への転換が行われます。仕組み上では、MSCBは株式転換することを前提とした転換社債と考えられます。

ではなぜ、経営者はこうした複雑な仕組みを利用するのでしょう。経営者はMSCBを引き受けた証券会社などの割当先に、市況を見ながら少しずつ転換を進めてもらうことで、通常の公募よりも株価へのインパクトが抑えられることを期待しています。ところが、MSCBを発行した企業の中には、発表と同時に株価を下げる会社も目立ちました。**第三者割当方式のMSCBでは、割り当てを受けた第三者は時価より10%程度安く株式を取得できることや、株価が低下すれば株数が大幅に増加することで、個人投資家を中心とする既存株主の株主価値が損なわれる問題を指摘する声も目立ちました。**引受証券や投資家が空売りで転換価格を下げて、利ザヤを稼ぐ危険性も指摘されています。投資家はこのような議論のあるMSCBを発行すること自体を、財務面に対する悪材料や株主軽視の姿勢と受け止めているようです。こうした流れを受け、日本証券業協会は、引受証券会社に投資家保護の観点に配慮するようルールを設定、東京証券取引所も企業に情報開示を充実するよう要請しています。

実戦ドリル

# 6 株式分割は株主還元か？

株主価値重視と株価至上主義とは異なる

Q

では、第８章の最後の問題です。次の選択肢の中から正しいものを選んでください。

①株式分割で実質的に株価が上昇する

②株式併合で実質的に株価が下落する

③株式分割は株主還元策ではない

A

株式分割に関しては、大量分割による株価の乱高下がニュースや新聞で取り上げられたから、もう間違えないわ。分割によっても、会社の収益力といったファンダメンタルズが変わるわけではないし、個々の株主の会社に対する持分も分割の前後で同じでしょ。株式併合でも、同じ理屈が成り立つはずだから、①と②は誤り。正解は③だと思う。

そのとおり。もう一度整理しておくと、株式の大量分割が株価上昇につながったのは、株券の印刷に１カ月半程度かかっている間、売りたくても株券が品薄で売れないという需給の歪みがあったため。今ではこうした制度上の問題はなくなったので、分割だからといって、それをはやして株価が上昇することもなくなった。大量分割自体が自粛されるようになったしね。

この章の最後の問題にしては簡単でしたね。今じゃ、だれでも知っている話だと思いますよ。

でも、大量分割が市場を沸かせていた時に、株式分割は流動性を高めたりすることが本来の目的であって、株価にとっては影響がないことをちゃんと理解していたかな。実は、会社によっては、いまだに株式分割を株主還元と言っているところもある。企業の本音はわからないが、誤解を招く表現だね。

そういえば、ある投資本には、「株式併合を行う企業に対する投資は慎重になったほうがよい」と書かれていました。

**いいポイントに気づいたね。たとえば、会社の規模を比較する時、売上高や時価総額が基準となることが多い。ところが古い会社では、今だに株価水準を強く意識している会社がある。過去に併合を行った会社では、ライバル会社より株価を高くし、投資家を錯覚させることが目的ではないかと思われたケースもあるよ。**

株式併合の場合には、場合によっては単元に満たない、いわゆる端株が生じたときは、売却したり、単元まで買い増したりと面倒が生じるおそれがあります。

**新株予約権の権利行使による株数の増加に備えて、発行枠に余裕を持たせるために、株式併合を行うのではと思われる会社もあるというよ。最後に分割・併合の話を持ってきたのは、「株主価値を重視する経営」と「株価至上主義の経営」がまったく別物であることを、理解してほしかったからなんだ。**

そういえば第２節で、「株主価値」と「企業価値」という言葉が正しく使われていないという話があったわね。

**トヨタ自動車やキヤノンなど優れた会社を見れば明らかなように、従業員や取引先、債権者、地域社会といった株主以外の利害関係人に満足を与えてこそ、企業は長期的に株主価値を向上させることができる。ところが、日本でも米国でも株価を上げること自体を株主価値重視の経営と誤解しているような企業があった。不正会計のあげく会社が消滅した米国のエンロン事件を覚えているだろう。日本でも、株主還元とばかりに、過去に株式の大量分割を行って市場を混乱させたような会社には、かかわらないほうがよいと思うよ。「今の株価以外に株主価値を測る基準がどこにある？　株価さえ上げれば問題ない」といった姿勢が見え隠れする会社は、投資対象としては適格ではないと考えたいね。**

# 第9章

# これで「市場」の見方が変わる——自分のスタイルを定めよう

# 1 株価への「織り込み」を考える

➡ 市場は効率的に情報を織り込むが、それでもつけ入るすきはある

**株式投資の成果は、「情報」の取り扱いの巧拙によって左右されます。投資にかかわる情報は2種類に分けられます。一つは、企業の利益見通しに関する情報です。**この情報の取り扱いを「業績予想」あるいは「ファンダメンタルズ分析」と言います。**もう一つは、他の市場参加者に関する情報です。**「株式投資は美人投票」という有名な言葉が示すとおり、投資家心理が株式投資で大きな役割を占めることは、広く知られています。

通常、二つの情報分析は立場が異なると思われているようです。ところが実は、二つの分析は深いところでつながっています。株価が動くのは将来の利益予想を反映するからですし、投資家心理は株価を観察することでしか推察できないからです。**自分の利益予想を基に妥当株価を算出し、市場参加者が描く将来像を織り込んでいる今の株価の割安・割高を判断する「株価分析」は、二つの分析を総合する作業と考えられるのです。**

「株価を動かす情報とは何か、情報はどの程度の速度で市場参加者、株価に伝わるか」といった問いかけは、古くから「市場の効率性」というテーマで米国や日本で数多くの研究が行われてきました。今までの検証結果は、おおよそ次のようにまとめられます。

第1に、**「過去の株価だけでは将来の株価を予想することはできない」という見方が大勢です**（「予想できる」と考えてひそかにテクニカル分析の必勝法を編み出した、という人もいるかもしれませんが……）。過去の株価は各時点の利益見通しなど他の情報と併せて分析されて、より意味を持ちます。

また、**「経営者だけが知っている株価に影響を与える重要情報がある」という見方もおおむね支持されています。**ただし、このような未公開情報、インサイダー情報に基づく売買は法律で禁止されています。

とすると、焦点は企業が発表する「公開情報」の株価に与える影響やその織り込み速度ということになります。この点に関して、「決算発表」の

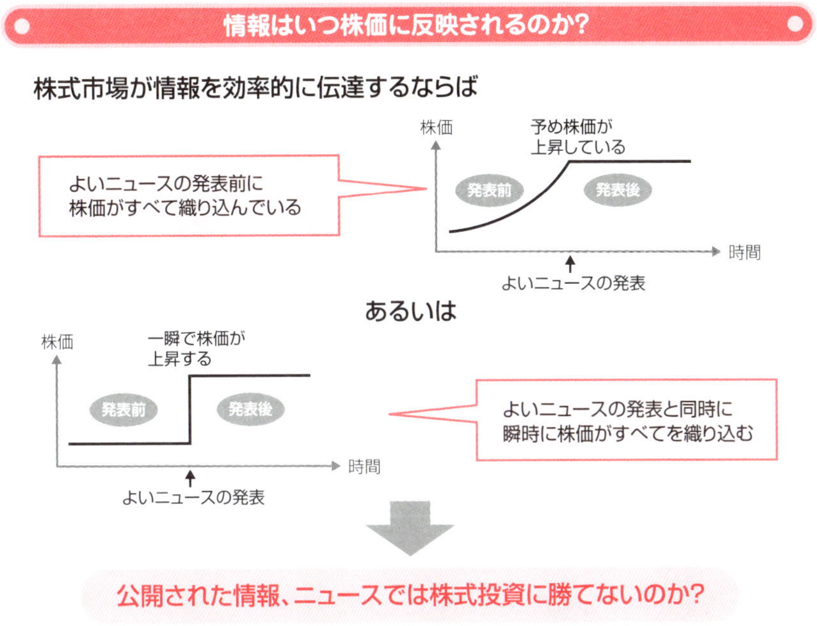


内容を「よい決算」「悪い決算」に分けて発表日前後の株価を調べてみた検証があります。決算発表が株価に影響を与えることは明らかですが、決算内容の良し悪しは、公表前日までにかなりの程度、株価に織り込まれているようです。つまり、発表されてから投資を行っても、市場を上回るリターンを獲得することはかなり難しいということです。

では、情報は公開される前に、あるいは公開されるやいなや瞬時に、すべて株価に織り込まれてしまうのでしょうか。そんなことはありません。

企業が公開する情報の中にも、発表前に株式市場がその影響をすべて織り込んでいない情報もあります。また、さまざまなニュースの中には企業の将来利益に与える影響が不透明で、市場参加者による解釈や分析を必要とするものがあります。

**株式市場はかなり効率的に情報を織り込んでいますが、情報を伝える力は完全無謬（むびゅう）というわけではありません。**この最終第9章では、株式市場の情報処理が十分でないような例を挙げ、その背景について考えます。また市場や投資家のクセを投資戦略に生かす方法について紹介します。

実戦ドリル

# 1 予想で勝って投資で負ける？

株価を観察して市場参加者の心理を読む

**Q**

株式市場における情報の「織り込み」について、最も適切と考えられる説明はどれでしょうか。

①過去の株価には、将来の企業を見通すうえで有用な情報が含まれており、テクニカル分析による必勝法がある

②業績発表の良し悪しは、公表前までにかなりの程度、株価に織り込まれていることがある

③未公開の情報も含めて、すべての情報は今の株価には織り込み済みであり、情報を獲得したり、分析したり努力しても、市場を上回る投資成果を得ることは不可能だ

**A**

正しい答えは②です。決算発表が出てから、その情報に基づいて株を買っても、簡単に勝てるとは限らないということだね。

個々の投資家をとってみると、思いつきや何も考えずに投資したりしていて、合理的に投資判断をしているとは思えないわ。それなのになぜ株式市場全体には勝てなかったりするのかしら。

アメリカのスペースシャトル事故で、爆発直後にシャトルの製造などに関わった４社の株価が下落したが、その中でも特に１社の株が大きく下落した。後日、調査委員会が出した結論は、その会社こそが、シャトル事故に責任がある会社だった。『週刊東洋経済』の連載、「説話ファイナンス理論」の2007年8月25日号で早稲田大学大学院の野口悠紀雄教授が紹介しているエピソードだ。株式市場は不思議な力を発揮することがあるようだね。市場にはいろんな参加者がいる。個々の投資家が合理的でなくても、それぞれが打ち消し合うため、全体として「株式市場はそこそこ正しい」という見方をする人もいる。

でも、すべての株に同じような理屈が当てはまるのでしょうか。皆が注目している大企業もあれば、ほとんど知られていない中小企業もあります。情報の伝わり方は同じでしょうか？

**いい点に気がついた。新興市場の参加者はほぼ個人投資家に限られている。投信や年金など機関投資家の運用資金は、新興株、中小企業に投資するには金額が大きすぎるんだ。そのため、東証１部や大企業への投資に比べると、「投資家の多様性」は劣っていると言える。そうなると、いろんな見方が反映されて正しい株価を探る力は弱いかもしれない。市場全体や個々の株価の動きがどちらか一方向に傾きやすかったり、情報が効率的に伝わらなかったりする可能性はあるね。**

だったら、ファンダメンタルズ分析や割安・割高判断をきちんと行えば、その努力は報われるというわけですね？

**確かに、努力は報われる可能性はある。ただ、新興株、大企業株に限らず、正しい情報を持っている投資家、正確に予想している投資家が必ず勝つ保証はないことも、肝に銘じておいて欲しい。ITバブルを思い出してごらん。何であんな株が上がったのかなと思い出す銘柄もあるよね。当時、株価がバブルだと正しく判断し、カラ売りした投資家もいたハズだ。でも株価がある程度の長い期間、大幅に上昇したために、結局、大損した投資家も多いんじゃないかな。割高なものを売って割安なものを買うという裁定がうまく働かなかったり、判断がおかしい投資家が大部分で、圧倒的な資金力の差があったりしたら、「予想で勝って投資で負ける」ということは十分に考えられます。**

先生のお話を聞いていたら、また急に株式投資が怖くなってきたわ……。

**そもそもどの情報が正しいか、自分の判断が誤っていないかも、後になってみないとわからないからね。だから企業を分析するだけでなく、株価を観察し、他の投資家の心理をよく読まないといけないね。難しいからこそ株式投資は面白いんだ。**

## 2 市場の“クセ”を投資に生かす

➡「天気がよければ株は買い？」――市場のアノマリーで稼げるか？

「ハイリスク、ハイリターン」という言葉が示すように、投資のリターンはリスクに応じて決まると考えられます。たとえば、株式投資のリターンが債券投資や預貯金よりも高いのは、株式投資が債券などに比べて不確実性が高く、投資家がそれを補うための上乗せ利回りを要求するためと理解されています。つまり、リターンはリスクを取ることの“報酬”というわけです。この考え方に従うと、個別株式のリターンの違いもリスクに応じて説明されます。通常、個々の株式のリスクは、株式市場全体の変動に対するその株の反応度合いによって測定されます。

ところが、**米国を中心に株式市場をめぐる研究が進むにつれ、従来の考え方では説明ができない現象が次々と発見されてきました。この現象を株式市場の「アノマリー」（異例、矛盾という意味）と呼びます。**

最初に発見された有名なアノマリーには、「小型株効果」「割安株効果」があります。小型株や時価・簿価比率で見た割安株（PBRの低い株）への投資からは、株式市場全体の変動に対する反応度合いだけでは説明できないリターンが得られることが、観察されたのです。

アノマリー現象と伝統的な考え方の折り合いをどうつけるかについては、専門的な見方は大きく二つに分かれます。一つは、「株式市場全体の変動に対する反応度合いだけでなく、規模や割安度も『リスク』としよう」という立場です。もう一つは、アノマリーは伝統的な考え方では説明できないとして、投資家の行動や心理に説明を求める方向です。

専門的な議論は別にして、**アノマリーの存在は投資家にとっては大変興味をそそられるものではないでしょうか。何しろプラスの投資リターンを予測できて必勝法を生み出せるかもしれないのですから。**

米国や日本では、さまざまな種類のアノマリーが発見されています。米国株においては、1月の株式リターンが残りの月よりも大きいという「1月効果」が有名でした。季節性に関しては、このほかにもユニークな分析

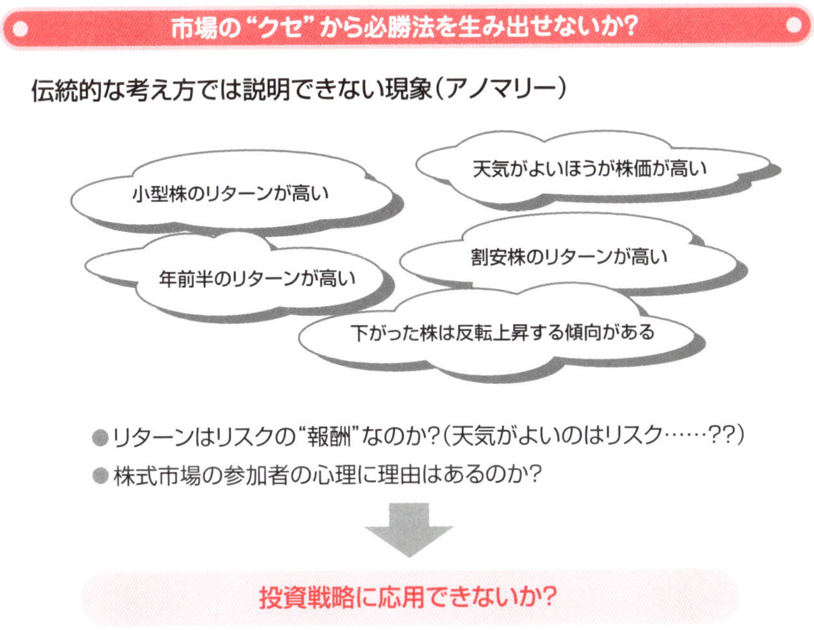


が報告されています。天気に関して「天気晴朗なら株高し」という分析（加藤英明『天気と株価の不思議な関係』東洋経済新報社など）もあります。

株価の動きについては、1年程度の中期的な株価リターンに関して、上がった株が上がり続ける「モメンタム（勢い）効果」というものが知られており、この効果を利用した「モメンタム戦略」という順張りの投資手法も用いられています。ただ、面白いことに、海外市場で知られているモメンタム効果はなぜか日本では有効ではありません。日本ではモメンタムとは逆に、下がった株が次に上がるという「リターン・リバーサル戦略」、すなわち逆張りが有効ではないかという見方があります。

ただ、**アノマリーはそれだけで優れた投資成績を保証するものではありません。それどころか、実は個々のアノマリーを投資に応用することは、かなり難しいと言ったほうが正確でしょう。**アノマリーはあくまで過去の現象です。また現実の投資成果に結びつけるには、効果が十分大きくないものもあります。**アノマリーを投資成果につなげるには、リターンの背景にまで踏み込んだ理解やさまざまな工夫が必要と考えられます。**

実戦ドリル

# 2 業績修正（リビジョン）効果の有効性

## 大型株よりも中小型株に分析のメリットあり

Q

株式市場の「アノマリー」について正しい説明を選んでください。
①規模が大きい会社ほど株価のリターンは大きい
②過去の株式市場では時価・簿価比率で割安の低 PBR 株ほど、株価のリターンが高くなる傾向が観測されている
③上がった株ほどさらに上がるという株価モメンタム戦略は、日本でも有効である

A

正しい答えは②です。①は逆に、規模が小さいほどリターンが大きくなる小型株効果として知られています。③の株価モメンタム効果は、海外では有効との見方が強いんだけれどもね。

先生、どうもありがとうございます。ついに“相場の必勝法”を教えていただけるんですね！　待ったかいがあったわ。

まあまあ、「生兵法はケガのもと」とも言うよ。世の中、そんなに甘くない。アノマリーが存在することと、それを実際に投資成績に結びつけられるかどうかは、また別の検討が必要になると思っておいたほうがよい。アノマリーは過去に観測された現象であって、自分が投資した時に都合よく効果を引き出せるものではないからね。アノマリーは広く知られると、多くの投資家が同じような戦略をとるようになる。するとその株が割高になって、効果が薄れる可能性もあるだろう？

割安株効果、小型株効果も、はたしてそれだけで、そんなに簡単に儲かるのかしらという気がします。

そうなんだ。そういう感覚が大事だね。こういう分析は、長い期間のデータを観察して行われるものだ。効果がある特定の短い期間に非常に強く出たけれども、それ以外では効果が乏しいという

可能性もあるからね。割安株効果も、PBRで分けた割安株と割高株を長い期間に比較して観測されたものだ。数銘柄をPBRで割安だからといって仕込んだところ、逆に痛い思いをするなんてことは、いくらでも経験済みだろう。効果の大きさが実際の投資に役立つ程度に十分大きいかといったチェックも必要だね。

がっかりだわ！　使えないってわけね……。

いやいや、新たなアノマリー、市場のクセを見抜こうと日夜努力したり、アノマリーの応用を考えたりしている投資家はいくらでもいるよ。じゃあ、せっかくだから、いくつか使える可能性のある市場のクセを話してみようか。まず一つは、業績修正（リビジョン）効果というものだ。会社が業績計画を上方修正した時、一挙に株価がジャンプして、瞬時に効果がすべて織り込まれるということはない。個々のケースを十分に観察する必要はあるけれども、株価は発表の翌日以降にも修正情報を反映していく傾向がある。要するに、業績上方修正の発表があってから、株を買ってもまだ遅くない可能性もあるということだ。

『四季報』の独自予想を組み合わせて、会社が修正してきそうな銘柄を先回りするといった投資戦略も面白そうですね。

それから、注目を集めているものに、「利益の質」を用いた投資戦略がある。会社の目的はキャッシュを稼ぐことだけれども、その時々を見れば、「利益」と「キャッシュ」は必ずしも一致しない。利益の計上に当たっては、見積もりが反映されることもあるし、売上は計上したものの、まだ現金を回収していないこともある。ここで、利益に対するキャッシュの割合を「利益の質」と言うとする。早稲田大学大学院の須田一幸教授によると、前期の決算実績で利益の質のよい会社は、そうでない会社に比べて、株価リターンがよくなる傾向が報告されている。この現象については、今後も研究が進むのではないかと思うよ。投資家の心理だけでなく、業績を発表する経営者側の考え方にも想像をめぐらせれば、銘柄選択に役立つアイデアとして有望かもしれないね。

# 3 成長派？　それとも割安派？

➡ 成長企業に投資するか割安な企業を発掘するか、投資スタイルを検討する

株式市場で成功を収めている投資家は、それぞれ自分の“型”を持っていることが多いものです。この型、手法を「投資スタイル」と言います。**代表的な投資スタイルには、「成長株投資」と「割安株投資」の2種類があります。**

成長株投資は企業の成長（グロース）に着目する手法で、「グロース投資」とも呼ばれます。これに対して、割安株投資は企業の価値（バリュー）と株価の比較を重視することから「バリュー投資」と言われます。投資スタイルは投資家によって異なり、極論すれば、投資家の数だけスタイルがあるとも言えます。ただ、その背後の考え方をもとに区分すれば、つまるところ投資スタイルは割安派、成長派の二つに大きく分かれます。

長い目で見れば、株価はその企業の実態、実力によって決まってきます。株式投資でプラスの収益が期待できるのは、企業が成長して活動を続けることで、付加価値、富が生み出されるからです。したがって、**投資家の期待を超えて高い成長を続ける企業を発掘すれば、優れた投資成果を上げることができるはずです。これが成長株投資の考え方です。**

**割安株投資は株価と企業実態の乖離に着目します。**株価は常に企業の実力を反映しているとは限りません。そこで**企業が本来持っている価値を市場が見過ごし、株価が割安だと考える株式に投資することで投資成果を得られると考えます。**

では、成長株投資、割安株投資のどちらを選択すべきでしょうか。アノマリーの説明で触れたとおり、過去の長期にわたるデータは、PBR で見て割安な企業の株への投資成績が優れていることが示すものが多くあります。これを「割安株効果」と言います。ただ、このことは成長株投資を否定するものではありません。成長株投資であれ、割安株投資であれ、使い方次第で優れた投資成果を得ることは可能と考えられます。

成長株投資の成功は、市場の期待を上回る高成長会社を見分けることが

**投資スタイルによって視点が異なる**

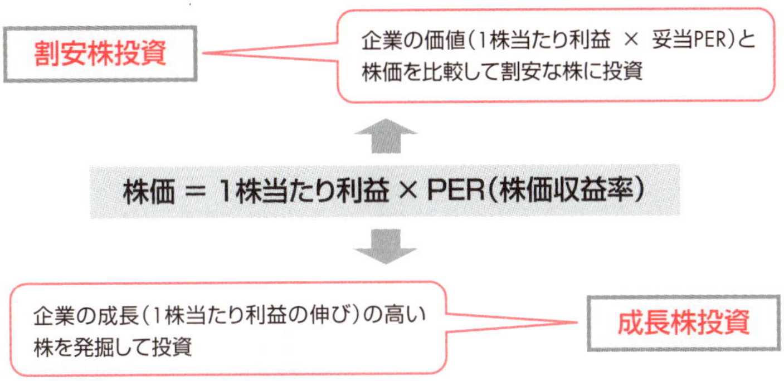


できるかどうかにかかってきます。ここで覚えておくべきポイントは、株式市場の参加者が思い描く企業の５年先、10年先の成長予想は、今期や来期といった比較的近い将来の業績見通しとは別に成り立つのではなく、足元の業績変化に大きく影響されることです。たとえば、会社が業績計画の修正を行った時にその影響について、「今期業績だけにとどまる」、あるいは「来期以降の業績水準にも及ぶ」、さらには「来期以降の業績拡大のスピードにまで影響を与える」といった三つのどの解釈をとるかで、将来の企業の姿は大きく異なってきます。成長株投資では足元の業績見通しの変化を丹念に追いかけて、市場参加者の将来見通しを株価から読み取ろうとする努力が求められます。

割安株投資においては、「たまたま悪いニュースが出たが、会社全体の業績にはほとんど影響はなさそうだ」「この株が安いのは、ほかの投資家が過剰反応したためで、実態からすればお買い得だ」といった企業の実態に関する冷静な判断が大事です。割安株投資にもさまざまなバリエーションがあります。たとえば業績が低迷し、投資家に悲観視されている業界や会社に投資したり、注目度が低い中小型割安株に投資したりといった具合です。また株価のリターン・リバーサル（反転）を狙って、逆張りに賭けるスタイルもあります。**景気サイクルや経済構造の変化などに応じて、成長、割安どちらかの投資スタイルの有効性が極端によくなったり、悪くなったりする時もあるので、その点も目配りをする必要があります。**

実戦ドリル

# 3 投資スタイルのポイント

## ウォーレン・バフェットの投資戦略とは

**Q**

**世界屈指の大富豪であるウォーレン・バフェットは、株式投資だけで巨万の財を築き上げたことで知られています。では、彼の投資手法とは「成長株投資」でしょうか。それとも「割安株投資」でしょうか。**

**A**

答えは簡単、割安株投資よ。前に先生に薦められて、ウォーレン・バフェットの本は読んだことがあるもの。「価格」、つまり株価でなくて、企業が本来持っている「価値」、バリューに投資しなさいと書いてあったわ。

確かにバフェットは割安株投資で成功したと聞きます。でも、バフェットが投資したことで有名な会社と言えば、コカ・コーラや、今はP&Gの傘下に入ったジレットなどです。これらの会社のPBRは、株式市場のほかの銘柄と比べれば、割高だったと思います。PBRの高い企業への投資だから、本当は成長株投資ではないのでしょうか。

**2人ともなかなかいいところを突いているね。では、説明しよう。バフェットは若いころ、ベンジャミン・グレアムという先生に師事したんだ。グレアムは証券分析の父とも呼ばれている。グレアムの手法とは、財務諸表を分析して、企業が持っているキャッシュなどに対して株価が割安な会社に投資するというものだ。**

そうそう。だから、証券分析の父であり、バリュー投資の始祖とも呼ばれるのよ。その教えを受け継いだのが、バフェットなわけ。

**そういうことだね。ただ、バフェットは先生の教えをそのまま守るだけでなく、それを発展させたんだ。グレアムは財務諸表から数字で測ることができる資産だけに注目したと言われている。と**

ころが、バフェットは、企業が行っている事業の強さや経営者の素質といった定性的な要因も分析し、企業の将来性や成長も投資判断に含めているんだ。

何となくわかってきました。株価という「価格」と会社が本来持っている「価値」を比較する時に、バランスシートに計上されている数字だけでなく、定性的な要因も分析して将来の成長なども「価値」の評価に入れたということですね。

そのとおり。だから、PBR で１倍割れといった安い株に投資するだけが割安株投資じゃないんだ。PBR が高くても、もしその会社の本来持っている価値がもっと高いということを見通す力があれば、それも割安株投資と言ってもよいだろうね。

逆に言えば、ただ単に PBR や PER だけで判断して、割安と思っているようでは、なかなか成功しないということですね。

株式市場もいろんな情報をかなり効率的に株価に織り込んでいるからね。株価が安くなっていても、一部の賢い投資家が先に悪い情報を知っていて売ったから割安になったのかもしれない。だとすると、その材料が知れ渡るにつれてもっと株価は下がるかもしれない。割安株投資のスタイルであっても、少なくとも足元の業績がどっちの方向に向いているか、株価はどう反応しているかには目を配ることが大事だね。

　それから逆に、成長株投資であっても、割安かどうかの株価判断はきちんと行うこと。後から振り返ってみて成長性についての見通しは正しかったとしても、株価がそれを織り込んでいたとしたら、株価はなかなか上がらないだろう？　株式市場が楽観的でもっと高い成長を見込んでいたりしたら、その投資は悲惨な結果に終わるかもしれないよ。

# 4 投資のスキルを評価する

➡「結果よければすべてよし」では、投資成果を上げることは困難に

株式市場での成功は実際の投資成果によって決まります。ところが、足元の勝ち負けに一喜一憂してばかりいると、株式投資で成果を上げるという目標からは、遠回りをしてしまうかもしれません。

ではどうすれば、投資成績を向上させることができるのでしょうか。ここでは、年金基金などがどのようにプロの投資家を評価しているか、つまり、「将来、成績を上げるファンドマネジャーはどんな特性を備えているか」を紹介し、この問題を考えてみましょう。

通常、ファンドマネジャーを評価する際に考慮される主なポイントは右ページの項目のようなものです。「投資哲学」とは、どのようにして市場に勝つかという考え方のことです。たとえば、「個別企業の訪問分析による徹底した調査によって割安株を発掘し……」などという市場に対する考え方、信念と自分の強みなどの表明がこれに当たります。それから、「人材・組織」も評価対象です。十分な教育や資格、経験がある有能な人材を、能力を発揮しやすい組織文化が支えているかなどがポイントです。さらに哲学を実践するための手順である「投資プロセス」や実際の商品である「プロダクト」、銘柄の組み合わせである「ポートフォリオ」がチェックされます。最後に運用成績である「パフォーマンス」や運用報酬、手数料という「プライス」も考慮対象です。

実は、ここまでしてマネジャーを評価しても、選ばれたマネジャーが必ずしもよい成績を上げているとは限らないようです。よい銘柄を選択することが難しいのと同様、マネジャーの選択も難しいのです。

ただ、ここには個人投資家にとって、参考となるポイントがいくつか見受けられます。第1に「過去の投資成績は将来を保証しない」という点です。運や相場動向次第では、実力がなくても一時的に好成績を収めることは難しくないからです。したがって、**過去の成績は評価項目の一つにすぎません。「勝っておごらず、負けて腐らず」といったところでしょうか。**

## 投資のスキルを評価するポイント

●好成績を上げるプロの投資家はこれらのポイントが優れている

投資哲学　投資プロセス　商品　ポートフォリオ

過去の成績　手数料

↓

●個人投資家が見習うべき点

○足元の成績だけでは将来は占えない

○自分なりの投資常識を身につける

○投資の基本動作を定めて遵守する

第2に「人の意見や投資手法に惑わされない」ことです。「哲学の確立」「スタイルの一貫性」など大げさに構える必要はまったくありませんが、自分なりの投資常識を身につけて、それに従って常に自分の頭で判断することです。**投資には必勝法はありませんが、人の意見を鵜呑みにしたり、「やっぱり別の方法がよかったかな……」などと調子のよさそうな手法を後追いしたりすることは、「投資の必敗法」です。**

最後に、「投資プロセス」とまではいかないまでも、「テレビで取り上げていたから」「株価が下がっていたから買ってみた」など**一時的な気分で投資しないためにも、会社を調べる、株価の割安・割高を判断する、株価をチェックするなどの、基本的な手順を定めておいたほうがよいでしょう。**そのため自分の銘柄選別の考え方などを「スクリーニング」という手続きに落とし込むことも効果的でしょう。スクリーニングとは、一定の要件を定めておくことで、数多くの会社の中から自分にとって望ましい銘柄を絞り込む手続きです。『四季報』の関連商品としては、『会社四季報CD-ROM』がスクリーニング機能を搭載しています。

実戦ドリル

# 4 スクリーニングの留意点

## スクリーニングの効果的な活用法とは？

Q

株式投資の銘柄を選別する際の手順として、最も適切と考えられる選択肢はどれでしょうか？　なお、ここで「ファンダメンタルズ分析」とは投資対象となる会社を調査して収益性や成長性などを分析すること、「スクリーニング」とは銘柄を一定の基準に従って機械的に絞り込む手続き、「株価分析」とは対象会社の株価の割安・割高を分析して投資するかどうかを決めること、を意味します。

①ファンダメンタルズ分析→スクリーニング→株価分析
②株価分析→ファンダメンタルズ分析→スクリーニング
③スクリーニング→ファンダメンタルズ分析→株価分析

A

答えは③ではないでしょうか。「スクリーニング」とは、数多くの会社の中から銘柄を絞り込む手続きですから、最初に持ってくるのが、効果的だと思います。①や②だとスクリーニングの前にファンダメンタルズ分析がきており、数多くの会社をしらみつぶしに調査しないといけなくなり、大変です。

そのとおりだね。スクリーニングとは、「調べる銘柄を絞り込む手続き」と理解しておけばよい。

実際には、どういう形で絞り込むのかしら。イメージがわかないんだけれども。

自分が望ましいと考える銘柄、自分の投資スタイルに合う銘柄の条件を決めればいいんだ。たとえば、割安株の投資家であれば、「まずはPBRが3倍以下の会社から調べてみよう」といった形で、調べる銘柄を絞り込むといった感じかな。

条件を複数組み合わせることもできるのかしら？

もちろんだ。「今期予想PERが20倍以下の会社を見てみよう」など組み合わせて使ってもいい。それから、出来高が薄くて株価がつかないことがある会社は嫌だと思ったら、出来高などで絞り込むのもいいだろうね。

面白そうね。スクリーニングさえやれば、絶対上がる会社が見つかりそうね。

また気が早い……。株式投資に必勝法はないよ。「調べる銘柄を絞り込む手続き」と教えたばかりでしょ。確かに、プロの投資家で「クオンツ運用」といって、スクリーニング結果をそのまま売買につなげるような手法もある。採用項目ごとに個別銘柄の点数をつけて、総合点を出すような複雑なスクリーニングの応用手法だね。でも、この場合も、その条件を決めること自体に投資判断を織り込んでいるのであって、機械的に銘柄を選んでいるのではないよ。スクリーニングの後は、『四季報』などを片手にちゃんと自分の頭で考えて投資しないとね。

要するに、とっても便利だけれども、使い方次第というわけですね。

銘柄選別を効率的にするという意味では、スクリーニングは効果的だね。ただ、一挙に銘柄を絞り込んでくるという機能の面白さにばかり目を奪われて、「ああでもない、こうでもない」と、雑誌に載っていたり人から聞いたスクリーニングのやり方を試してばかりで、その後の調査には興味がないようでは、いつまで経っても進歩はないと思うよ。

# 5 投資家心理にはクセがある

➡ 他の市場参加者や経営者の心理を逆手にとった投資戦略を試みる

投資家はいつも合理的な行動を取るとは限りません。さまざまな研究が、生身の人間である投資家の行動には合理的ではない「歪み」があることを指摘しています。先に紹介した、伝統的理論では説明が難しい株式市場の「アノマリー」も、投資家心理に立ち返ることで、理解が容易になることがあります。投資家行動のこうした「傾向」を頭に入れておくことは、自らの投資判断をより冷静に見るための手助けとなります。また一歩進んで、ほかの投資家のクセや誤りを投資戦略に役立てることもできるでしょう。

投資行動は情報を認知して計算などを行い判断するといった、いくつかの情報処理から成り立っています。ところが、投資家の能力には限界があります。そのため投資家の情報認知には「利用しやすい情報を重視する」「代表的な事例に飛びついてしまう」「保守的で古い情報に引きずられる」「自信過剰である」など一定のクセがあることが知られています。ニュースや投資雑誌で取り上げられたというだけの理由で調べもせずに投資したり、IT関連の株価が上昇している時は、いかにもネット関連らしい社名の会社に飛びついてみたり、といった具合です。

また状況を評価して売買を判断する時には、「損失を嫌う」「誤りを認めたがらず、後悔を避けようとする」といった傾向も指摘されています。

たとえば、PBRが高くて株式市場の注目を集める花形企業、業績が伸びている優良企業への投資では、投資家は過去の成績が将来も続くと考えがちです。いかにも魅力的に見えるこのような株に投資しておけば、実際の投資成果が芳しくなくても、「魅力的な人気株だったから仕方がないな」と自分を納得させ、後悔も小さくてすみます。これに対してPBRが割安の会社は、業績が低迷していたり、地味でまったく魅力が感じられなかったりするものです。こういった会社に投資するのは、たとえプロの投資家であっても、「うまく行かなかった場合、とりわけ破綻でもしようものなら、年金基金などの顧客から文句を言われて、説明が大変だろうな」など

### 投資家の心理にはクセや傾向がある

**代表的な投資家心理**

- 利用しやすい情報を重視する
- 代表的な事例に飛びついてしまう
- 以前の情報に引きずられる
- 損失を回避しようとする
- 後悔することを避けたい

**投資家心理を知ることで**

- 自分の判断を客観視できる
- 他の投資家のクセを投資戦略に役立てられる

と心理的な抵抗を伴います。実際、悩みながら投資して失敗したときの後悔は大変大きくなります。結果、**人気企業のPBRは実態以上に高くなり、反対に不人気企業は必要以上に割安になる可能性が考えられます。**

会社が業績上方修正を行った会社への投資が高いリターンをもたらす、いわゆる業績修正（リビジョン）効果の有効性を、心理面によって説明するならば以下のようになるでしょう。会社が見通しを上方修正した場合、投資家はしばらくは従来の見通しに引きずられたり、ほかの投資家が新しい情報をどう受け止めるかを探ろうとしたりして、修正見通しを受け入れるには時間がかかる可能性があります。また上方修正直後に会社が一転して下方修正を行うことは考え難く、投資家にとっては業績上方修正銘柄の買いはしばらくは安心できる投資と考えられます。経営者は実際の業績が公表計画に達しないで、株価下落に見舞われるリスクを強く意識しています。したがって、期中に業績見通しが改善して修正見通しを公表する場合でも、数字を控えめに出そうというインセンティブが働きます。そのため、業績の上方修正が「小出し」となることも、上方修正銘柄の高リターンの理由と考えられます。

**実際の投資に当たっては、上方修正の幅や情報公開前後の株価への織り込み具合などを慎重に観察し、判断することが必要ですが、経営者や投資家の心理傾向が大きく変化しない限り、業績修正を活用した投資戦略は今後も有効性を保つ可能性があります。**

実戦ドリル

# 5 売却タイミングの見極め方

## 「損切りは早く、利食いは遅く」は難しい

Q

投資した株式について、すぐ値が下がってしまいました。売却のタイミング、売却時の判断について、最も適当と考えられるものを選んでください。

①損が出たら、すかさず損切りする
②買い入れ前に、予め10%下落したら売却などと売却ルールを定めておいて、ルールに従って売却する
③その会社に投資した理由（たとえば利益見通しや割安度など）を再検討してみる。その結果、場合によっては買い増しが妥当となることもある

A

答えは①だと思うわ。「損切りは早く、利食いは遅く」が鉄則だと本にはよく書いてあるもの。

答えは②だと思います。企業分析して投資しているんだったら、少し下がったから売るというのはナンセンスですよ。会社の実態に変化がなくても、5%やそこら株価が下落することはよくあることですから。それよりも、もう少し余裕を持たせて、「10%下落したら売却」などとルールを定めることが大事だと思います。

なるほど、「損切りは早く、利食いは遅く」なんて格言をよく知っているね。この格言の本当の意味を知ってるかな？

何だかあたりまえすぎて、なぜ格言になるのかという気がします。

「買い」はたいてい、将来の利益や株価の大幅上昇を夢見たりして楽しいものだけれど、「売り」が難しいことは、経験でも知っているよね。たとえ株価が上がっていたとしても、「早く売却し

て利益を上げたい、そうしないと株価が下落して損してしまうのでは」と思ったり、逆に「今売ったとたんに株価が急騰して、利益の大半を逃してしまうのでは」と気持ちが揺れ動いたりする。株価が下がっていたら下がっていたで、「見通し違いだった。買わなきゃよかった……」と気分が落ち込むからね。

損切りした時は、いつも悔しくて、もう株をやめようかと思うわ。同じ金額だったら、利食った時の満足感よりも、損した時の後悔の気持ちがはるかに大きいもの……。

それが普通だよ。だから、自分の間違いを認めたくないために、「もう少し待てば戻るのでは」とくよくよ考えて、なかなか踏ん切りがつかず、含み損が膨らむんだ。でも、①の「すかさず損切りする」のは考えものだね。これは実は、「間違いをすぐ忘れて早く楽になりたい」という気分の反映でしょ？

ですから、事前にルールを決めておけば、いつも冷静に合理的に判断できると思います。正解は②ですね。

②は正しそうに聞こえるね。ただ、よく考えてごらん。たとえば企業の実態には何も変わりがないのに、株式市場全体が下落したために持ち株も下がるのはよくあることだよね？　買った後のこうした事情を無視して、買う前に決めた損切りルールに従うのは、冷静とか客観的というよりもむしろ“乱暴”じゃないかな？

確かに言われてみればそうですね。ということは、正解は③ですか？

そういうこと。たとえば、利益の上方修正を確信して買ったのに、逆に下方修正が出たりしたら、見通しが崩れたケースだから売りを考えるのも仕方がない。ただ、割安さを評価して買いを入れたんだったら、株価が落ちてさらに魅力が増しているという場合もあるよ。このように、投資の格言も本当の意味を理解せずに用いると、投資成績の足を引っ張ることもある。株式投資においては、大事なのはいつも、「今、この株をどう評価するか」という判断だと覚えておこう。

会社四季報編集部が作った株式投資実戦ドリル

2008年 3 月20日　発行

編者　会社四季報編集部
発行者　柴生田晴四
〒103-8345
発行所　東京都中央区日本橋本石町1-2-1　東洋経済新報社
電話　東洋経済コールセンター03(5605)7021　振替00130-5-6518
印刷・製本　丸井工文社



Printed in Japan　ISBN 978-4-492-73246-5　http://www.toyokeizai.co.jp/